Prefazio

Questo libro è il frutto di anni di ricerche, viaggi ed esperienze personali fatte col fine di colmare un "vuoto esistenziale" che in molti, prima o poi, incontrano nella propria vita. Un bisogno subconscio di risposte che nessun "bene" materiale o "traguardo sociale" può realmente soddisfare. Sebbene i più tendano a soffocare questa voce interiore con distrazioni di ogni tipo, altri avvertono chiaramente che la loro vita non può essere davvero completa senza appagare quel desiderio innato di conoscenza. I capitoli che seguono non mirano ad erudire la mente con informazioni sterili, ma ad andare all'essenza per "toccare" l'anima ed alleviarne la sete; una sete che scienza materialista, religioni dogmatiche e falsa spiritualità non riescono a placare. I temi trattati rappresentano l'essenza di tutti i percorsi mistico/esoterici tradizionali, percorsi a cui anche la psicologia junghiana ha strizzato l'occhio. Sono tasselli di un unico schema iniziatico condiviso, in forme diverse, sia dall'Oriente che dall'Occidente; concetti simbolici che parlano al profondo dell'uomo in modo archetipico e che solo dal profondo possono essere realmente compresi ed utilizzati per illuminare il proprio cammino, in questi tempi di smarrimento e confusione spirituale che stanno lentamente "sradicando" l'uomo dalla sua reale essenza.

- L'Autore

Introduzione

"Ogni uomo viene al mondo simile a un foglio di carta bianca; ma le circostanze e le persone che gli stanno intorno fanno a gara per imbrattare questo foglio e per ricoprirlo di ogni genere di scritte. Ed ecco intervenire l'educazione, le lezioni di morale, il sapere che chiamiamo conoscenza, tutti i sentimenti di dovere, onore, coscienza ecc. Il foglio così sporcato, accorgendosi che le macchie vengono scambiate per meriti, le considera preziose. Non è strano che le persone dedichino così poca attenzione a se stesse, alla conoscenza di se stesse? Non è strano che chiudano gli occhi con tanto sciocco compiacimento su ciò che sono realmente, e che passino la vita nella piacevole convinzione di rappresentare qualcosa di prezioso? Esse si dimenticano di guardare il vuoto insopportabile che si cela dietro la superba facciata creata dal loro autoinganno, e non si rendono conto che questa facciata ha un valore puramente convenzionale."

(G.I. Gurdjieff, Vedute Sul Mondo Reale)

"Fin da quando nasciamo gli altri ci dicono che il mondo è in un determinato modo, e naturalmente noi non abbiamo altra scelta che accettare che il mondo sia come gli altri ci hanno detto che è. Il bambino apprende come deve percepire il mondo per essere pienamente integrato. Passo dopo passo, gli viene resa familiare una descrizione del mondo che egli impara a percepire, mantenere e difendere come "la vera realtà". La ragione induce gli uomini a dimenticare che la descrizione è soltanto una descrizione, ma prima che arrivino a capirlo, hanno intrappolato la loro essenza in una gabbia da cui emergono raramente nel corso della vita."

(Carlos Castaneda, La Ruota Del Tempo)

La Radice Divina

Principi Mistici ed Esoterici

- Coleritium -

"L'uomo è una pianta celeste, il che significa che è come un albero rovesciato: le sue radici tendono verso il cielo e i rami in basso verso la terra."

- Platone

- Chi siamo?

- Dove eravamo prima di nascere?

- Qual è il nostro scopo?

- Che ne sarà di noi dopo la morte?

Queste sono le classiche domande esistenziali che i più, ormai, si guardano bene dal porsi; ciò che conta oggi sono le apparenze, la materia, l'appagare i propri istinti: l'uomo usa il suo intelletto solo per essere "più bestia tra le bestie". Anche quei pochi interessati a conoscere le risposte, spesso preferiscono desistere per non passare da "filosofanti con la testa tra le nuvole" in un mondo che punta sempre più all'avere che all'essere, soddisfatto di sguazzare nella propria cieca ignoranza. Ma alcuni continuano ad alzare lo sguardo al cielo; per loro restano domande fondamentali, al punto di dedicare la loro intera vita alla ricerca della Verità.

Nascendo nel mondo costruito da chi ci ha preceduti, giungiamo presto ad accettarne le condizioni, i traguardi e a considerarlo come l'unico possibile. Ogni società fa in modo che i suoi membri accettino una determinata struttura della realtà, in modo quasi subliminale. Sin da bambini le nostre menti vengono condizionate a una visione fissa e insindacabile del mondo. Ogni membro della società finisce per guardare a ciò che lo circonda e dire: "Questa è la realtà, devo tenere i piedi per terra", ma questa "terra" non è affatto solida come egli ingenuamente crede; non c'è niente sotto di essa, è sostenuta solo dalla tradizione e dalle convinzioni inculcate nella maggioranza delle persone, incapaci di uscire da questo circolo vizioso che alimentano inconsapevolmente.

Le nostre convinzioni, i nostri gusti e le nostre azioni, sono il risultato di influenze esterne a cui cediamo automaticamente per essere accettati, per paura di non essere visti come "normali" (cioè "nella norma"). Non siamo realmente noi a vivere nel mondo, ma è il mondo a vivere attraverso di noi. Veniamo costantemente spinti ad accettare (o peggio ancora a valorizzare) la nostra condizione di "ingranaggi sociali" e a non essere "pessimisti" o critici nei confronti del sistema in cui viviamo; dovremmo invece inseguire il "successo" e crogiolarci nelle varie forme di "in-trattenimento" che il mondo ha da "offrirci".

Ma sono sempre più le persone che avvertono l'opprimente sensazione di essere intrappolate in una "realtà" di cui non riescono a trovare il senso; sempre più individui avvertono nel profondo quell'angoscia esistenziale che spesso, però, conduce molti al nichilismo o alla ricerca di vie di fuga in "paradisi artificiali" fatti di droghe ed alcol. Stordirsi o nascondere la testa sotto la sabbia, però, non risolve niente. L'unico modo per uscire da questa prigione psicofisica è risvegliare la nostra vera essenza, ricominciare ad ascoltare la nostra vera voce e trovare il coraggio di seguirla.

La via d'uscita è dentro. Il punto fondamentale che accomuna psicologia, mistica e dottrine esoteriche è questo: quanto più ci identifichiamo con ciò che non siamo, tanto maggiore è la nostra sofferenza. Fino a quando non comprenderemo chi siamo realmente e quanto sconveniente sia la nostra posizione attuale, niente potrà cambiare, nè fuori nè dentro di noi. Non possiamo cambiare il mondo esterno senza prima spezzare le catene mentali che limitano la nostra visione e i nostri pensieri, senza prima rompere le sbarre formate dai pregiudizi e dai sensi di colpa che ci assalgono quando non svolgiamo i nostri "doveri", o se non appaghiamo le aspettative che il mondo ci ha messo in testa e che ci fa rincorrere per i suoi fini.

"Solo quando il criceto scende dalla ruota si accorge di essere in gabbia."

Letture, viaggi, pratiche meditative, shock (volontari o meno) ed un uso corretto delle "piante maestre" della tradizione sciamanica, possono "perforare" (almeno temporaneamente) il nostro "guscio mentale", lasciando penetrare dei barlumi di verità, e farci comprendere che la "realtà" comunemente accettata (con i suoi dogmi, valori e traguardi sociali) non è affatto la sola possibile, nè tantomeno il frutto di un'evoluzione spontanea, ma che con ogni probabilità è stata plasmata da una ristretta minoranza di "individui" che ha il dominio sulle masse, ridotte ormai a semplici ingranaggi di un sistema malato e senz'anima.

Il mondo fittizio che percepiamo a causa dei nostri condizionamenti mentali e limiti sensoriali, è associabile al "Velo di Maya" dell'Induismo e del Buddhismo. La chiave per entrare in contatto con la realtà è conoscere noi stessi e ripulirci dai condizionamenti che velano la nostra vera essenza; cioè, come gli alchimisti, "separare il sottile dallo spesso", il vero dal falso.

Per uscire dagli automatismi psichici e culturali che ci muovono come burattini, dobbiamo ricordare noi stessi; vivere in uno stato di presenza costante per prendere il controllo dei nostri atteggiamenti meccanici. Dobbiamo imparare a discernere ciò che è nostro da ciò che non lo è, ciò che realmente siamo dalle illusioni del nostro ego. Per ricordarci chi siamo, dobbiamo dimenticare ciò che il mondo ci ha fatto credere di essere. Per smettere di vivere nell'illusione, dobbiamo affondare le nostre radici nel Reale.

"La "persona" non è nulla di "reale", è un compromesso fra l'individuo e la società su "ciò che uno appare". L'individuo prende un nome, acquista un titolo, occupa un impiego, ed è questa o quella cosa. La "persona" è un complicato sistema di relazioni fra la coscienza individuale e la società, una specie di maschera che serve da un lato a fare una determinata impressione sugli altri, dall'altro a nascondere la vera natura dell'individuo. La costruzione di una Persona collettivamente conveniente è una grave concessione al mondo esteriore, un vero sacrificio di sé, che costringe l'Io a identificarsi addirittura con la Persona, tanto che c'è della gente che crede sul serio di essere ciò che rappresenta. Dovremmo imparare a fare a meno di una certa patina di rispettabilità sociale, se vogliamo vivere davvero la nostra vita in modo pieno, libero e felice."

- Carl Gustav Jung, L'Io e l'Inconscio

La Caduta

"Dimenticai la perla per la quale ero stato inviato

Giacqui in un sonno profondo

Ma di tutte queste cose si accorsero i miei genitori

ed erano afflitti per me

Mi scrissero una lettera:

Su, alzati dal tuo sonno!

Ricordati della perla

Considera la schiavitù a cui sei sottoposto!

Ricordati della perla!"

- Canto della Perla

Tutte le tradizioni mistiche ed esoteriche sono collegate da un unico "filo d'oro"; l'uomo è un Dio decaduto: da uno stato di armonia e consapevolezza, si è involuto cadendo in uno stato di caos ed incoscienza. Questa "caduta" lo isola dal mondo spirituale e apre un abisso tra lui e il Divino. La sua "scintilla divina" si è ricoperta del fango di questo mondo, ed egli ha iniziato a prendere le illusioni scaturite dai suoi sensi limitati per l'unica realtà. Tuttavia l'uomo resta insoddisfatto e, anche se non lo ricorda, soffre per il distacco dalla sua "dimora celeste". Solo la conoscenza (Gnosi) della sua più intima essenza può annientare la sua angoscia esistenziale e condurlo alla salvezza.

La Via iniziatica è una via di ritorno a casa; l'obiettivo dell'iniziato è riscoprire la sua "radice divina", risvegliare la sua anima caduta nell'oblio materiale e ricongiungersi alla sua fonte originaria. Il suo compito è riscoprire quanto di sacro è in lui per reintegrarsi nella sua reale essenza. Tutto il resto, per quanto grande agli occhi dei "profani", è insignificante e svanirà spazzato via dal tempo. La persona non è che un fenomeno passeggero e la sua reale felicità non può che arrivare solo dopo aver distrutto l'illusione dell'io. Ricchezza, cariche, bellezza e gli altri "fantasmi" di questo mondo, non sono nulla per chi ha ritrovato il suo vero Sè.

Sufismo

"Nel mondo ma non del mondo, nulla possedendo e da nulla essendo posseduti."

- Massima Sufi

Secondo i mistici Sufi, l'anima si volse un giorno verso la materia, se ne invaghì e ardendo dal desiderio di sperimentare i piaceri del corpo, non volle più distaccarsene. Così nacque il mondo. Da quel momento in poi l'anima si dimenticò di se stessa, della sua sublime dimora, della sua esistenza eterna. Tuttavia, non volendo abbandonarla alla degenerazione insieme alla materia, Dio dotò l'anima della facoltà di percepire preziosi "indizi" che dovevano rammentarle la sua origine divina, il mondo spirituale. Durante la danza mistica il Sufi depone la sua veste nera, simbolo dell'oscuro mondo che imprigiona l'anima, prima di iniziare a roteare armoniosamente su se stesso. La mano destra, aperta verso il cielo, è la coppa del cuore che accoglie la grazia divina, mentre la mano sinistra, rivolta verso terra, rappresenta la sorgente di vita che comunica l'influsso divino al mondo corruttibile di noi poveri mortali. L'alto copricapo cilindrico marrone è la pietra tombale che l'iniziato depone sulle passioni terrene, mentre l'ampio cerchio che la bianca gonna crea durante la rotazione, simbolizza la sfera cosmica che si avvolge all'infinito intorno al centro dell'universo.

"Dobbiamo capire che è in atto un conflitto costante dentro di noi, tra l'io superiore permanente e l'ego. Siamo così presi dagli alti e bassi del nostro ego che non riusciamo a vedere cosa accade realmente. Reagiamo continuamente e non siamo padroni della nostra vita. Cerchiamo di portare l'ego alla stabilità, ma non ci riusciamo perchè esso non ha una sua realtà; è solo la proiezione della somma dei nostri desideri, delle nostre preoccupazioni e aspettative, di quelle dei nostri genitori e della società in cui viviamo. L'essenza del Lavoro consiste nello sforzo di trascendere ed elevare l'ego fino a farlo coincidere con l'io superiore."

- Burhanuddin Herrmann

Kabbalah

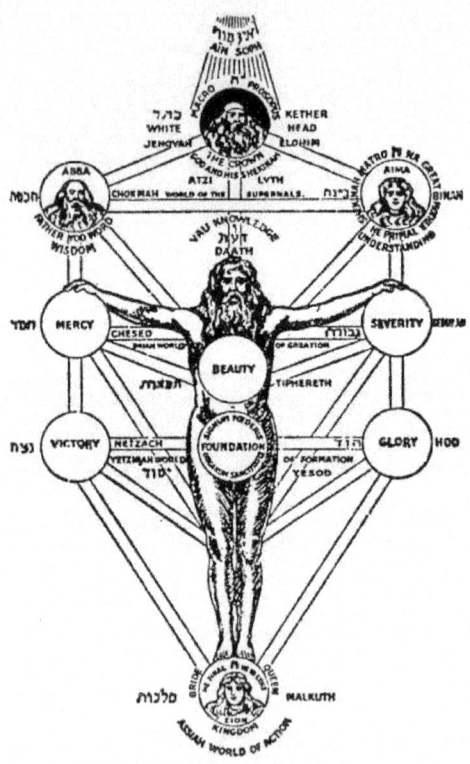

"L'anima quando è inviata su questa terra prende un rivestimento terrestre per preservarsi qui in basso, così come riceve in alto un rivestimento splendente per poter guardare senza danno nello specchio la cui luce procede dal Signore della Luce. Guai all'anima che preferisce al suo divino sposo l'unione terrestre con il suo corpo di carne."

- Zohar

Nella Kabbalah ebraica, l'anima dell'uomo proviene dall'Assoluto (Kether) e discende attraverso le nove sfere (Sefirot) dell'"Abero della Vita" sino ad arrivare alla Terra (Malkuth), dove si riveste di un corpo umano. Per sua natura l'anima desidera ardentemente riunirsi a Dio, ma potrà soddisfare la sua aspirazione solo risalendo attraverso le sfere sino a Kether, ripulendosi dalle varie scorie raccolte nella caduta. Le dieci Sefirot costituiscono un ponte che collega l'universo finito con il Dio infinito. Cadendo nello spazio/tempo la coscienza dell'individuo si è cristallizzata sempre più nei limiti del materiale e dello psichico; l'obiettivo del Cabalista è di portare di nuovo l'uomo in contatto con il regno divino. Qui diviene necessario comprendere i due processi alchemici di "Solve" e "Coagula": le due operazioni consentono di "diluire" la materia e di condensarla. Malkut in realtà non è altro che quintessenza divina ma condensata, divenuta sempre più opaca e pesante.

L'Albero della Vita va considerato sotto un duplice aspetto: di caduta (coagulazione) e di risalita (soluzione), di involuzione ed evoluzione, di sonno e di risveglio. La coscienza è universale; se l'uomo cerca di circoscriverla e limitarla nel particolare e nell'individuale non può che degenerare e perire. Se la sua direzione non è verso l'alto, verso il completamento di sè, verso il risveglio della sua integrale natura, si trova a percorrere la via dell'ignoranza e della sofferenza. La via che conduce a Kether è una via di negazione delle apparenze e di affermazione dell'Assoluto; è una via di morte e di risveglio, di solitudine, di coraggio e di comprensione. Chi crede di raggiungere l'Unità rimanendo attaccato alla molteplicità si illude. Al cospetto di Dio bisogna denudarsi di tutto. La "porta stretta" non è per tutti; non perchè vi siano privilegiati o predestinati, ma perchè non tutti vogliono "cessare di esistere" per Esistere davvero.

Gnosticismo

"L'essenza di Dio non è altro che l'essenza dell'uomo liberata dai limiti della natura."

- L. Feuerbach, La Filosofia dell'Avvenire

Quando un "Eone" (emanazione del "Dio Primo") chiamato "Sophia" (Sapienza), invidiando le capacità del suo creatore, emanò senza "Logos Cristico" (anima divina) un nuovo Eone, il risultato fu il Demiurgo, un essere imperfetto che non sarebbe mai dovuto esistere. Questa creatura non appartenente al "Pleroma" (pienezza, totalità di Dio) creò tutto il mondo materiale. Pentita per lo sbaglio fatto, Sophia riuscì ad infondere nella materia la sua scintilla divina (Pneuma) per permettere all'umanità di salvarsi dal Demiurgo. Il Cristo (Pneuma) si incarnò poi nella figura umana di Gesù, in modo da poter insegnare agli uomini la via per raggiungere la Gnosi, ovvero, risvegliare la loro scintilla divina e ritornare al Pleroma. Per gli gnostici, quindi, l'universo materiale è un errore nato dalla presunzione di un "ente divino" che cercò di emulare (con insuccesso) il suo stesso creatore; l'umanità è caduta in preda alle tenebre del mondo creato da un "dio minore", un demiurgo malvagio che essi chiamano "Yaldabaoth".

L'uomo è sprofondato nell'ignoranza e chiuso nella prigione della materia, dimentico dell'origine celeste della propria anima, particella del vero Dio trascendente; se in questa vita resta invischiato nei legami materiali, la Luce che è in lui dovrà trasmigrare in altri corpi, finchè non raggiungerà la liberazione completa dalle tenebre. Ovunque nel mondo la Luce è mescolata alle tenebre; il compito dello gnostico è quello di "conoscere" ciò che è veramente suo e purificare se stesso da quanto gli sta attorno, da quel mondo esterno che è la sua prigione. "Gnosi" significa "conoscenza", la conoscenza dell'essenza divina nascosta nel cuore dell'uomo. Nella visione gnostica, al "Pleroma", ossia alla pienezza del mondo divino, si contrappone il "Kenoma", il vuoto mondo terreno delle apparenze creato dal Demiurgo e governato dai suoi "Arconti", le potenze oscure carceriere della razza umana.

Rinchiusa nella sua prigione di carne, l'anima è costantemente ingannata dai sensi esteriori; la natura demoniaca del mondo la infanga e la strega per impedirle di ritornare alla sua patria divina. Al suo passaggio nella discesa terrestre, ogni pianeta vi ha impresso una qualità negativa: Venere la lussuria, Mercurio l'avidità, Marte la collera, ecc.

Al momento della morte del corpo, l'anima tenta di risalire verso le regioni superiori, ma gli Arconti cercano di impedirle il passaggio. Per aprirsi la strada attraverso le sette tappe (pianeti) della purificazione è necessaria quindi la conoscenza perfetta (gnosi) della propria essenza divina, per evitare di soccombere agli Arconti e rinascere sulla Terra in un nuovo corpo/prigione. "Salvarsi" significa dunque ritrovare se stessi, riscoprire la propria radice divina, rifiutare il mondo della materia e le sue apparenze per ricongiungersi con il "Padre celeste". Per colui che segue il richiamo del Cristo vivente in se stesso, la morte sarà la vera vita e la sua anima, prigioniera del corpo, tornerà alla dimora paradisiaca da cui cadde.

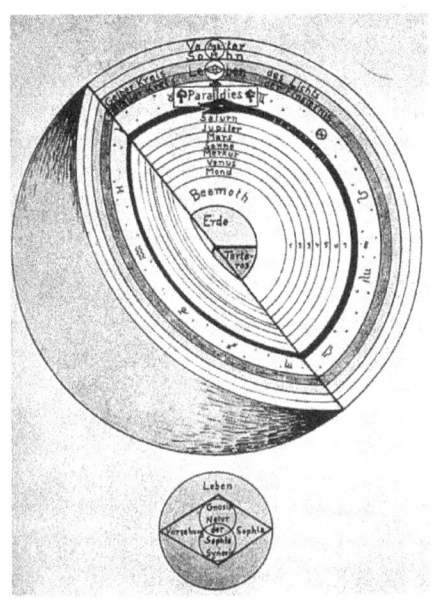

"L'anima umana è, nella sua forma più alta, un complesso di
aspirazioni spirituali, di volontà e di amore divino; e nel suo aspetto
inferiore un complesso di desideri animali e di passioni terrestri che
le derivano dalla sua associazione con il proprio veicolo, sede di
queste passioni e di questi desideri. Così essa forma come un anello
di congiunzione tra la natura animale dell'uomo, che la sua ragione
cerca di soggiogare, e la divina natura spirituale verso la quale
gravita ogni volta che vince nella lotta con l'animale interno. Il vero
Salvatore esoterico non è un uomo, ma il Principio Divino in ogni
essere umano. Colui che lotta per far risorgere lo Spirito crocefisso in
lui dalle proprie passioni terrestri, colui che ha la forza di far rotolare
all'indietro il masso della materia dalla porta del suo santuario
interiore, quegli ha in sé il Cristo risorto."

- H.P. Blavatsky

Induismo

Secondo le varie correnti spirituali indiane, l'essenza divina dell'uomo (Atman), porzione della realtà assoluta e trascendente (Brahman), è caduta in balia del "gioco divino" (Lila) che genera quella rete d'illusioni chiamata "Maya", termine che si traduce con "illusione, miraggio, magia, temporalità, irrealtà". Per l'Induismo (come per il Buddhismo) tutto ciò che nasce, cresce, muore e scompare, non ha esistenza oggettiva. La Natura, essendo in perenne divenire, non possiede una vera realtà ontologica. Ogni forma esistente, per quanto complessa e maestosa, è destinata a disgregarsi e sparire; l'universo stesso si "riassorbe" periodicamente nella matrice primordiale (Prakriti). La temporalità dell'essere umano fa dell'uomo un "essere condizionato", una serie indefinita ed evanescente di "condizioni" che lo spingono a perdersi nelle illusioni di Maya, finchè è accecato dalla non-conoscenza (Avidya).

L'India si è applicata con gran rigore ad analizzare i diversi condizionamenti dell'uomo, una conoscenza che non è fine a se stessa; lo scopo non è semplicemente individuarli, ma dissolverli per far riemergere dall'inconscio l'Io puro, l'Atman. La Realtà, l'Essere puro, il Sè, l'Atman, l'incondizionato, il trascendente, l'immortale, il

Nirvana, è al di là dell'illusione cosmica intessuta dalla Maya; il supremo scopo del mistico indù è quindi la riscoperta della sua radice divina incondizionata e la conquista della libertà assoluta (Moksa). Una delle scoperte più importanti degli yogi indiani è quella della "coscienza-testimone", cioè della coscienza liberata dalle strutture psicofisiche e dal loro condizionamento temporale; è questa la coscienza del "liberato", di colui che è riuscito a liberarsi dalla temporalità e che si riconosce in Brahman (l'Assoluto).

Liberarsi dalle coercizioni di Maya, costituisce lo scopo di tutte le filosofie e di tutte le tecniche mistiche indiane. "Liberarsi" significa accedere ad un altro piano di esistenza, raggiungere un livello d'essere che trascende la condizione umana limitante. "Rompere" la condizione umana significa "morire" a tutto ciò che è umano e temporale: la rinascita in un modo d'essere non-condizionato è la vera liberazione, la libertà assoluta.

Il Loto ha per gli orientali un forte significato spirituale per via della sua particolarità di affondare le radici nel fango, di distendersi sulla superficie delle acque stagnanti ed elevarsi al di sopra di esse immacolato e bellissimo; è il simbolo di chi vive nel mondo senza esserne contaminato.

Gurdjieff e la Quarta Via

"Nel "sistema" del mistico armeno Georges Ivanovitch Gurdjieff, l'anima discende da un livello molto elevato del "Raggio di Creazione" del cosmo, e dopo aver attraversato i mondi planetari, si incarna sulla Terra. Qui ben presto dimentica la sua origine divina, viene ipnotizzata dalla "vita ordinaria", dalla vanità e dall'amore di sé, fino ad esserne completamente dominata. L'uomo è addormentato, non sa chi è, non sa perché agisce, è una specie di macchina, un automa, cui tutto "succede". Non ha il minimo controllo sui propri pensieri, sulle proprie emozioni, sulla propria immaginazione, sulla propria attenzione; pensa di poter governare la propria vita, ma è una marionetta diretta da forze che ignora; trascorre l'intera esistenza nel sonno e muore nel sonno; passa tutto il tempo in un mondo soggettivo a cui non può sfuggire; non è in grado di distinguere il reale dall'immaginario.

Spreca le proprie energie a inseguire cose superflue e solo qualche volta si rende conto di non essere soddisfatto, che la vita gli sfugge, che sta sciupando l'occasione che gli è stata offerta. Ma in lui c'è qualcosa che la vita non può completamente soddisfare, né con gli onori né con le ricchezze materiali. Quel desiderio non è che un riflesso di una gioia obliata, di un "paradiso perduto". Solo se impara a dirigere le sue energie verso il Centro immutabile dell'Essere potrà riavere quello che ha perso. Questa è anche la prima tappa verso il "Ricordo di Sé". Qualcosa in noi "sa", non ha dimenticato la sua origine divina: lo "ricorda".

Il "Lavoro" di Gurdjieff inizia con l'osservazione di se stessi. Il nostro "sonno" è causato dalle nostre innumerevoli forme d'identificazione: preoccupazioni quotidiane, stati negativi, vanità, prospettive totalmente erronee e reazioni meccaniche agli eventi esterni. Ricordandosi di sé, l'uomo può ripulire i suoi centri dalle "incrostazioni" prodotte dalle automazioni meccaniche raccolte nel corso della sua vita e aprirsi così alle "influenze superiori", che costantemente irradiano dai livelli più elevati del Raggio di Creazione. Il compito dell'uomo è quindi quello di ritrovare la sua vera essenza, liberarla dai condizionamenti terreni e ricondurla alle altezze a cui appartiene.

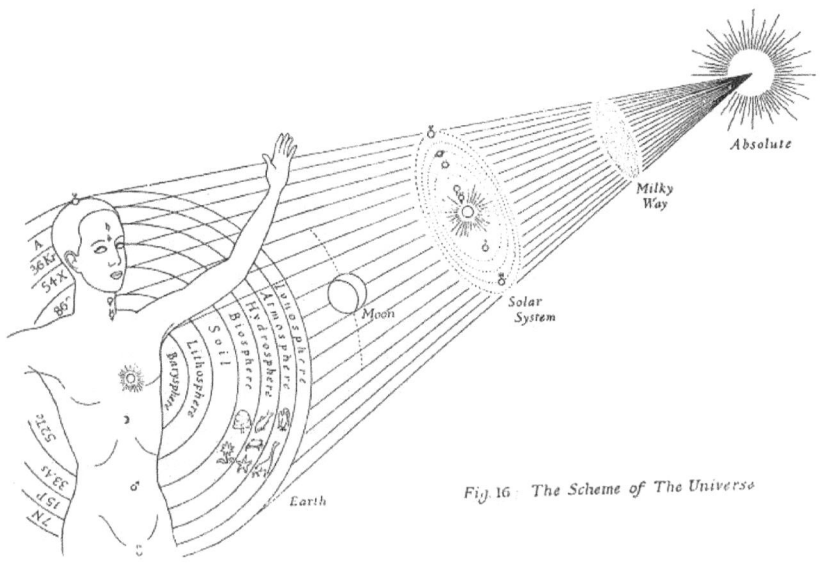

Fig. 16 — The Scheme of The Universe

"Lo Spirito si manifesta senza sosta al guerriero. Questa però non è tutta la verità. La verità è che lo spirito si rivela a tutti con la stessa intensità e coerenza, ma solo il guerriero è costantemente sintonizzato con tali rivelazioni."

- Carlos Castaneda

Antica Grecia

"Una vita non indagata non è degna per l'uomo di essere vissuta. Coloro che ignorano la sapienza e la virtù e passano il tempo in banchetti e altre simili cose è naturale che siano trascinati verso il basso, e così vanno errando nella vita; mai innalzano lo sguardo verso ciò che è veramente alto, nè riescono a elevarsi o gustano una gioia pura e durevole, ma come bestie tengono sempre gli occhi rivolti in giù, e chini in terra e sulle mense si rimpinzano e si accoppiano, e per avidità di queste cose si scontrano e cozzano tra loro con corna e zoccoli di ferro, massacrandosi per la loro voracità."
- Platone, Apologia

"Per l'anima che viene dal cielo, la nascita è una morte" sosteneva già Empedocle, cinquecento anni prima di Cristo. Una volta ingoiata dalla carne, essa perde temporaneamente il ricordo del suo passato; presa negli ingranaggi della vita corporea, l'evoluzione della sua coscienza terrena deve obbedire al mondo in cui si incarna e cade in balia della forza degli elementi. Nella concezione platonica l'anima umana, prima di "cadere" nel corpo, contempla la perfezione delle "idee" nell'"Iperuranio", quella zona "al di là del cielo" dove risiedono le idee archetipiche immutabili e perfette. Le cose terrene sono soltanto copie delle idee. L'Iperuranio è sempre esistito ed è raggiungibile solo dall'intelletto, non tangibile dagli enti terreni e corruttibili. Le persone vengono a conoscenza del sapere per reminiscenza dell'anima di tutte le idee che ha contemplato nell'Iperuranio; questa maggiore o minore contemplazione, fa dell'individuo un amante della Verità o un bruto.

Il tema della caduta dell'anima è riscontrabile anche in una lettura esoterica (e letterale) del mito di Narciso, che specchiandosi nell'acqua e contemplando il suo riflesso, si innamora di se stesso, dimentica la "vera realtà" e cade affogando nell'immagine illusoria di sè. Narciso rappresenta quindi colui che sa amare solo se stesso tagliando fuori il resto del mondo, incapace di vedere o di aprirsi ad altro all'infuori del suo piccolo "io". Immergersi nell'acqua significa addentrarsi nel mondo ingannevole di Maya, con tutti i rischi che ciò comporta. Simbolicamente lo specchio rappresenta l'illusione. Quello che vediamo nello specchio non ha esistenza in sé, è solo un riflesso di ciò che è reale; ma è solo grazie al suo riflesso che è possibile l'autoconoscenza.

Narciso si specchia nell'acqua e, contemplando il suo riflesso fino ad innamorarsi di se stesso, dimentica la "vera realtà" cadendo e affogando nell'immagine di sè. Simbolicamente lo specchio rappresenta l'illusione: quello che vediamo nello specchio non ha esistenza in sé; è solo un riflesso di ciò che è reale. Ma solo grazie al suo riflesso è possibile l'autoconoscenza.

"Noi vediamo ora come attraverso uno specchio, conoscendo noi stessi per la rifrazione che avviene su di esso e contemplando, per quanto è possibile, la Causa Creatrice a partire dal divino che è in noi."

- Clemente Alessandrino, Stromata

"Il mondo è un labirinto dove l'anima deve errare fino alla sua liberazione."

- Ippolito

Letto in chiave esoterica, anche il mito di Teseo rappresenta la discesa dello Spirito nella materia. La Monade (Teseo) viene mandata da Dio (Minosse) nel labirinto (il corpo fisico e l'esistenza materiale in cui l'Ego si reincarna). Aiutato dall'Anima, dalla Coscienza Individuale, (rappresentata da Arianna) e dagli insegnamenti della Gnosi (il Filo d'Oro) che la Vita ci offre durante l'esistenza terrena, l'Ego deve dominare e vincere la passioni animalesche (rappresentate dal Minotauro) per tornare nuovamente a rivedere la Luce. Così come Teseo fa ritorno a casa, anche l'Ego/Anima deve far ritorno alla Dimora Celeste da cui proviene. Per fare ciò deve però combattere una guerra contro se stesso e sopraffare i propri istinti animali. L'essere umano, in quanto dotato di ragione, deve innalzarsi verso la Spiritualità per condurre una vita che lo renda dissimile dalle bestie.

"Considerate la vostra semenza: fatti non foste a viver come bruti,
ma per seguir virtute e canoscenza."

- Dante Alighieri, La Divina Commedia

Il Velo di Maya

"È Maya, il velo ingannatore, che avvolge il volto dei mortali e
fa loro vedere un mondo del quale non può dirsi né che esista,
né che non esista; perché ella rassomiglia al sogno,
rassomiglia al riflesso del sole sulla sabbia, che il pellegrino da
lontano scambia per acqua; o anche rassomiglia alla corda
gettata a terra, che egli prende per un serpente."

- Arthur Schopenhauer

I nostri sensi limitati ci trasmettono solo una frazione della realtà che ci circonda, frazione che le nostre menti condizionate deformano in base agli assunti e ai preconcetti acquisiti. Non vediamo mai ciò che realmente è, vediamo sempre le nostre idee, i nostri pregiudizi, le nostre aspettative proiettate su ciò che è; dipingiamo la realtà con le nostre convinzioni. La mente proietta le sue credenze e i suoi desideri sul mondo circostante fino a creare quella bolla d'illusione in cui ognuno di noi inconsapevolmente si rinchiude. "Illusione" non significa che il mondo esterno non esiste, ma che è illusorio il modo in cui noi lo percepiamo. Non è la realtà ad essere illusoria, ma l'illusione ad essere reale. Anche se non ce ne accorgiamo, viviamo costantemente sospesi tra veglia e sonno, inconsapevoli che gran parte di ciò che riteniamo vero e di per sè evidente, non è che illusione frutto dell'influenza suggestiva dell'universo sociale in cui viviamo. Di norma tendiamo ad "ordinare" il mondo in base ai nostri presupposti, alle nostre credenze e una volta che tale ordine è stato proiettato nella successione degli eventi diventa autorinforzante, mediante quella che potrebbe definirsi "attenzione selettiva": vediamo solo ciò che conferma la nostra idea del mondo. Pur esistendo nella stessa realtà, viviamo tutti in concezioni soggettive e spesso completamente contraddittorie, che presumiamo ingenuamente essere la "realtà reale". Ognuno si circonda di proiezioni, idee, nozioni, concezioni o interpretazioni personali, fino a distorcere totalmente la realtà oggettiva. Esistono tanti mondi quante sono le persone che li proiettano, ed è a causa di questo "auto-incantesimo" che spesso le loro rotte entrano in collisione fino a distruggersi reciprocamente. "Risvegliarsi" non significa andare "oltre il mondo", ma rimuovere quei "filtri mentali" che distorcono la nostra percezione, isolandoci dalla realtà oggettiva che giace sotto tutte le illusioni. Per farlo occorre quindi "conoscere noi stessi", iniziare ad osservare i nostri pensieri e le nostre azioni e chiederci: "Perché lo faccio? Lo voglio veramente io o è frutto di condizionamenti esterni?", con lo scopo di giungere ai reali motivi che ci muovono, come burattini alla ricerca dei propri fili. Quando iniziamo ad aprire gli occhi, è inevitabile renderci conto del fatto che gran parte dei "nostri" pensieri, dei "nostri" sentimenti e dei "nostri" gusti sono in realtà plasmati e veicolati dal sistema sociale in cui viviamo. La mente incontrollata è il più grande nemico dell'uomo e può causargli ogni tipo di sofferenza: creare malattie, depressione, attaccamento, avidità, ostilità, ecc. La conoscenza della realtà inizia quindi dalla constatazione che la nostra immagine del mondo non corrisponde a ciò che è "davvero reale". Assunti, credenze, superstizioni, speranze e pregiudizi, spesso diventano più reali della realtà stessa. Per questo svuotarsi, liberarsi dai condizionamenti assorbiti nel passato, riuscire a percepire la realtà senza filtri è sempre stata la meta del mistico. Una volta sollevato il velo dell'illusione si smette di preoccuparsi delle dottrine, delle religioni, dei dogmi e delle varie concezioni umane del divino; ci si affranca dai libri sacri, dai guru e dai maestri, che spesso cercano solo di insegnare ciò che neanche loro comprendono davvero. Si fissa invece la propria mente nella contemplazione dello Spirito universale, fino a giungere all'armonia con quell'Io reale che sta alla radice di tutte le cose.

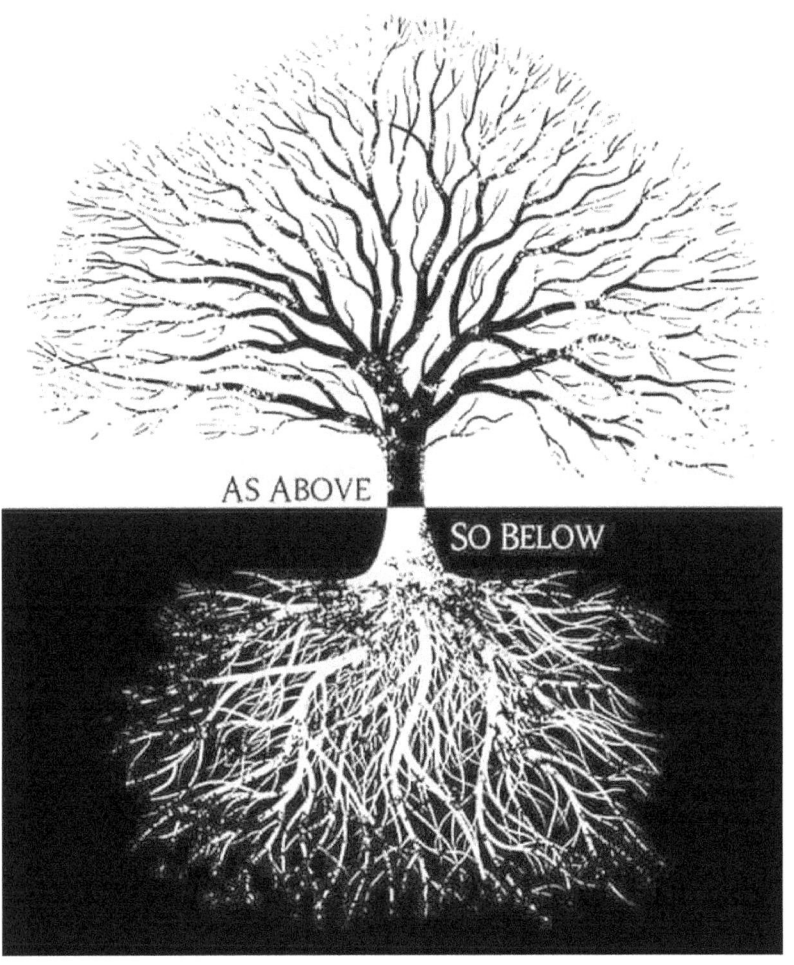

AS ABOVE

SO BELOW

"Lo stolto non vede lo stesso albero che vede il saggio"

La Caverna di Platone

Nella celebre allegoria simbolica riportata nella Repubblica di Platone, dei prigionieri vivono da sempre sul fondo di una caverna, legati in modo da non potersi voltare. Fuori dalla caverna c'è un muro ad altezza d'uomo, dietro al quale camminano persone che portano sulla testa statuette raffiguranti oggetti di vario genere; quando queste persone parlano, il loro eco rimbomba nella caverna. Dietro questi individui vi è un fuoco intenso che proietta, nella parete della grotta davanti agli uomini legati, le immagini degli oggetti. Non avendo potuto vedere nient'altro, i prigionieri, osservando le ombre, pensano che questa sia la realtà. Uno di loro, però, riesce a liberarsi e voltandosi e vedendo le statuette, si accorge che sono più reali delle ombre; uscendo dalla grotta oltrepassa il muro, venendo inizialmente accecato dalla luce del sole. Guardandosi intorno vede il mondo della natura e nota che tutto è più vero degli oggetti che sono proiettati nella caverna. Dopo essersi chiesto da dove proveniva la luce, si accorge che è il sole a dare significato a tutto. Ma se il "risvegliato" tornasse ora nella caverna per spiegare la situazione ai suoi ex compagni di prigionia non verrebbe creduto, ma deriso; i suoi occhi non si riabituerebbero subito all'oscurità che è ormai familiare ai prigionieri e sembrerebbe "accecato" dalla pazzia. I prigionieri sono come dei rospi che vivono in un pozzo: non credono nell'esistenza del mare.

Al racconto sono attribuiti diversi significati:

- Teologico/Spirituale: La vita della caverna è quella di chi si basa sui sensi. La vita di chi riesce a liberarsi è quella di chi valorizza l'anima e quindi cura la dimensione interiore. La vita nella caverna è più facile ma non porta alla vera conoscenza; mentre quella fuori, più difficile, conduce all'idea del bene-bello, perciò ad una valenza divina.

- Politico/Sociologico: Il prigioniero ritorna nella caverna per liberare gli altri prigionieri ancora incatenati, ma la maggioranza di essi rifiuta perché vivere dentro è molto più facile, come più semplice è non avere responsabilità piuttosto che averne: il filosofo rischia di non poter esser capito e di essere respinto.

L'accecamento spirituale dell'uomo

Nel "Popol Vhu", l'antica "bibbia" del popolo Maya, si narra che dopo i primi tentativi falliti per creare l'uomo, gli dèi procedettero alla fabbricazione della quarta specie (la nostra) usando del mais mescolato con il loro stesso sangue. Questi nuovi uomini erano dotati di grande intelligenza e potevano vedere ogni cosa, dalla Terra al Cielo, fino ai limiti dell'Universo. A questo punto però, gli dèi cominciarono a temere che essi potessero usare questa conoscenza in maniera scorretta e che un giorno potessero eguagliare la grande sapienza propria dei loro creatori. Fu calato quindi un "velo" sugli occhi dei mortali e tolta così loro l'onniscienza. Il genere umano cadde nell'ignoranza, fino quasi a dimenticare la propria essenza divina.

Nel Cristianesimo

"Ecco, l'uomo è diventato come uno di noi quanto alla conoscenza del bene e del male. Ora, egli non stenda più la mano e non prenda anche dell'albero della vita, ne mangi e viva sempre!" - Genesi 3,22

Il mito Maya ricorda da vicino il "Peccato Originale" della Genesi biblica. Adamo ed Eva obbediscono al "serpente tentatore" che li spinge a cogliere il frutto proibito dell'Albero della Conoscenza.

Questo atto di disobbedienza apre loro gli occhi rendendoli "come Dio", ma suscita l'ira del Creatore che li caccia dall'Eden condannandoli ad una vita di stenti. Nello Gnosticismo ritroviamo il tema dell'accecamento spirituale dell'uomo causato e mantenuto da "entità" ostili, che lo tengono prigioniero della dimensione materiale in cui essi regnano. Nel vangelo apocrifo di Filippo leggiamo che:

"Gli Arconti vollero ingannare l'uomo, perché essi videro che egli aveva la stessa origine di quelli che sono veramente buoni. Essi presero il nome delle cose che sono buone e lo diedero alle cose che non sono buone, per potere, per mezzo dei nomi, ingannare gli uomini e legarli alle cose che non sono buone. I nomi che vengono dati alle cose terrestri racchiudono un grande inganno, perché distolgono i cuori da concetti che sono autentici verso concetti che non sono autentici. Chi sente la parola "Dio" non intende ciò che è autentico, ma intende ciò che non è autentico. Così pure per "Padre" e "Figlio" e "Spirito Santo" e "Vita" e "Luce" e "Resurrezione" e "Chiesa" e tutti gli altri nomi non s'intende ciò che è autentico, ma s'intende ciò che non è autentico. A meno che non si sia venuti a conoscenza di ciò che è autentico, questi nomi sono nel mondo per ingannare."

Gli gnostici credevano che il mondo materiale non fosse altro che una messinscena allestita da un funesto demiurgo, una trama di illusioni da cui occorreva disbrigliarsi per giungere alla conoscenza e all'illuminazione. L'iniziato che avesse intuito la natura ingannevole di questo mondo poteva ricordare la sua origine divina ed accedere al Pleroma, laddove tutti gli altri, intrappolati nell'illusione della materia, perivano nell'ignoranza. Lo Gnosticismo suddivide gli esseri umani in tre categorie: "Ilici", "Psichici" e "Pneumatici".

- Ilici: Dal greco "hyle" (materia), sono le persone che percepiscono e si rapportano solo con la materia. Per loro esiste solo ciò che vedono e toccano, e sono dominati dagli istinti corporei. Per loro la vita è un questione di soldi, sesso e potere, quindi ogni loro pensiero e azione sono condizionati da questi tre elementi. A causa di questi attaccamenti alla materia, gli Ilici sono sordi ad ogni richiamo della divinità.

- Psichici: Dal greco "psyché" (anima), sono gli uomini che percepiscono e si rapportano con il mondo attraverso la mente e il cuore (sentimento, sensazioni ed emozioni). Essi intuiscono che vi è qualcosa oltre la materia, ma sono in costante attrito tra gli istinti che li legano alla materia e la percezione dello Spirito. È compito dello psichico dominare gli istinti che lo legano alla materia sciogliendo gli attriti e gli inganni della dualità per diventare Pneumatico e raggiungere la fonte divina.

- Pneumatici: Dal greco "πνεῦμα" (pneuma) che significa
Spirito. I Pneumatici sono rari individui in contatto con la fonte
divina (Pleroma). Essi sono veri uomini liberi, poichè liberi da
ogni condizionamento e non assoggettati a nessuna regola
civile o forma di potere. I Pneumatici sono uomini che hanno
raggiunto l'unità e sono in contatto costante con lo Spirito che
permea ogni cosa. Non sentono più alcuna separazione tra loro
e il mondo esterno; sanno di essere parte della totalità del
creato, e la percepiscono in sé stessi e in ogni cosa.

*"Gran parte della gente che incontriamo per strada è vuota
dentro, cioè, in realtà è già morta. È una fortuna per noi che
non lo vediamo e non lo sappiamo. Se sapessimo quante di
queste persone sono in realtà morte e quante di queste persone
morte governano le nostre vite, impazziremmo dall'orrore."*
- G.I. Gurdjieff

Anche secondo il "Samkhya", una delle più antiche scuole
filosofiche indiane, la natura umana si compone di 3 qualità
dette "Guna": Tamas: l'Ignoranza, Rajas: la passione, e Sattva:
la Virtù.

*"I tre Guna che hanno origine dalla natura e cioè la bontà, la
passione e la tenebra, vincolano nel corpo l'Eterno che nel
corpo dimora." - Baghavad Gita XIV, 5*

Gurdjieff e il "Kundabuffer"

Nel romanzo esoterico "I Racconti di Belzebù a Suo Nipote", Gurdjieff racconta che, in un tempo lontano, gli umani si stavano evolvendo troppo velocemente, ed essendo diventati prematuramente coscienti della propria schiavitù nei confronti di forze universali, iniziarono a rifiutarsi di collaborare al "piano divino" arrivando al punto di togliersi la vita. Fu allora che un "arcangelo" ebbe il compito di dotare gli umani del "Kundabuffer", un organo che da quel momento in poi fece loro percepire la realtà in modo "capovolto" e, di conseguenza, amare la propria schiavitù.

Quando l'emergenza finì l'organo fu rimosso, ma le conseguenze della sua presenza rimasero "cristallizzate" nella psiche dell'uomo, continuando a renderlo vittima della percezione ingannevole della realtà. Il "Lavoro" di Gurdjieff è centrato sulla dissoluzione di queste cristallizzazioni che mantengono l'umanità in uno stato di sonno e di meccanicità.

"Bisogna comprendere che il sonno nel quale vive l'uomo non è un sonno normale, ma ipnotico. L'uomo è ipnotizzato e questo stato ipnotico è continuamente mantenuto e rinforzato in lui. Si potrebbe pensare che esistano delle forze per le quali sia utile e vantaggioso mantenere l'uomo in questo stato, impedendogli di vedere la verità e di comprendere la sua condizione oggettiva. L'uomo s'illude di essere lui ad agire, a fare, a decidere; non riconosce il suo grado di meccanicità, il suo stato di letargia, di autoipnosi."

- G.I. Gurdjieff

"La verità più essenziale è che l'uomo è profondamente addormentato, non in un senso fisico, bensì metafisico, non in apparenza ma in profondità. L'uomo trascorre la propria vita in un profondo stato di torpore. Lavora, si muove, pensa, immagina, sogna, ma questo sonno costituisce il continuo substrato della sua vita. L'uomo vive come un robot: meccanicamente efficiente ma senza consapevolezza. Questo è il vero problema: tutti gli altri problemi, per quanti possano essere, sono solo una conseguenza del suo sonno."

- Osho

La Maya Indiana

"Trionfate su Maya, ch'è l'illusione delle apparenze. Colui che rinuncia alla vanità della menzogna per la verità che dà la saggezza, attirerà su di sè la luce divina. Il suo cuore diverrà puro come acqua perfettamente calma e rifletterà la mia immagine"

- Krishna, Bhagavata Purana

Secondo le dottrine induiste e buddhiste noi viviamo nel "regno di Maya", in uno stato di totale autoinganno; andare oltre Maya, ergersi al di sopra della dualità illusoria della creazione e percepirne l'essenza reale, fu considerato il fine supremo dell'uomo da parte dei mistici orientali. Chi si aggrappa all'illusione cosmica deve accettarne la sua legge fondamentale di polarità: flusso e riflusso, ascesa e caduta, giorno e notte, piacere e dolore, bene e male, nascita e morte. Questo ciclo duale diventa monotono per l'anima che è passata attraverso migliaia di nascite, e ciò spinge l'uomo a gettare uno sguardo di speranza oltre le coercizioni di Maya e a ricercare il segreto della creazione per liberarsene. Finchè l'uomo resta soggiogato dalle illusioni dualistiche della natura, finchè Maya sarà la sua dèa, egli non potrà conoscere l'unico vero Dio, la Realtà sotto le apparenze; egli può giungere alla piena conoscenza soltanto quando prende coscienza del divino che è in lui e delle sue manifestazioni in ogni tratto di terreno sul quale cammina. L'anima imprudente, sconfitta dal demone beffardo dell'illusione, si reincarnerà nuovamente schiava di Maya.

"Il pescatore del continuo mutamento ha lanciato su di noi una rete d'illusione cosmica. Stiamo nuotando in acque chiuse, falsamente protetti nella nostra apparente sicurezza. Tuttavia, la rete della morte incombe su di noi, implacabile. Ogni volta che viene issata la rete a strascico dell'illusione, sono in molti a essere pescati e solo pochi, qua e là, riescono a sfuggire. Ah, finalmente sono balzato fuori dalla rete, negli spazi abissali della comunione silenziosa. Così, infine, sono sfuggito alle maglie del tempo. O Sconfinata Misericordia, salva me e tutti i miei fratelli dalla rete spaventosa, ma invisibile, dell'attaccamento materiale che tutti cattura."

- Paramahansa Yogananda

Un giorno Narada, il capo dei musici celesti, disse al Signore dell'Universo: "Signore, mostrami il potere d'illusione di Maya che può trasformare l'impossibile in possibile." Vishnù sorrise e fece un segno di assenso poi s'incamminò insieme a Narada. Dopo aver camminato per un certo lasso di tempo, il Signore Vishnù ebbe sete e disse a Narada: "Ho sete, vammi a cercare da qualche parte, un poco d'acqua." Narada prese una brocca e partì alla ricerca di acqua perciò si allontanò sempre di più *dal suo Signore, finché avvistò il corso di un fiume. Appena Narada si fu avvicinato alle rive del fiume vide una fanciulla di grande bellezza che attingeva acqua nel fiume. Quando Narada si avvicinò, la fanciulla lo salutò con gentilezza e poi iniziarono a parlare perché si erano subito innamorati uno dell'altra. Narada la chiese in moglie e lei accettò, perciò si sposarono e andarono a vivere presso le rive del fiume. Trascorso altro tempo ebbero due figli che completarono la loro felicità. In seguito infuriò una pestilenza tremenda che flagellò quei posti, perciò Narada propose alla moglie di abbandonare la loro casa e di fuggire lontano. La donna fu d'accordo perciò fecero i bagagli, presero i figli e si misero in viaggio. Ma proprio mentre stavano attraversando il ponte sul fiume arrivò una grande ondata che spazzò via i bagagli, fece annegare sua moglie e i suoi figli. Allora Narada, schiantato dal dolore, crollò sulla riva del fiume e iniziò a piangere disperato. In quel momento gli apparve Vishnù che gli chiese: "Narada dov'è l'acqua che ti ho chiesto di portare? Perché stai piangendo disperato? Sei andato via con la brocca da una buona mezz'ora e non sei più tornato." Narada smise di piangere subito e chiese: "Da una mezz'ora?" Per la sua anima erano passati quasi 12 anni, ma quel tempo era trascorso solo in mezz'ora. Allora Narada comprese e s'inchinò a Vishnù dicendo:"O Mio Signore, m'inchino davanti alla Tua magnificenza e al potere della tua Maya!"*

- Ramakrishna Paramahamsa, Alla Ricerca di Dio

"Nella sua illusione, il materialista dimentica il Tempo e si convince che tutto durerà per sempre; spinto dall'ansietà commette azioni colpevoli allo scopo di ottenere e conservare la sensazione di soddisfazione che prova nella famiglia e nella società, nonostante tali relazioni siano basate sull'ipocrisia e sui giochi di potere."

- Bhagavata Purana

"Guardati dall'illusione della materia; tutto ciò che è composto è perituro. Lo spirito è l'unica, elementare e primordiale unità; e ognuno dei suoi raggi è immortale, infinito e indistruttibile."

-Buddha

Conosci te Stesso

"Ti avverto, chiunque tu sia. Oh, tu che desideri sondare gli arcani della natura, se non riuscirai a trovare dentro te stesso ciò che cerchi non potrai trovarlo nemmeno fuori. Se ignori le meraviglie della tua casa, come pretendi di trovare altre meraviglie? In te si trova occulto il tesoro degli dèi. Uomo, conosci te stesso e conoscerai l'universo e gli dèi."

A differenza delle religioni e della "spiritualità" New Age, l'esoterismo non si basa su dogmi, sulla fede o sulla speranza, ma sulla conoscenza diretta di se stessi e sulla crescita della coscienza. Uno dei "memorandum" esposti negli istituti per lo "sviluppo armonico dell'uomo" gestiti da Gurdjieff era: "Non credere a niente che non puoi verificare in prima persona". Nell'esoterismo non contano le metafisiche fantasiose o i concetti indimostrabili: lo scopo non è fuggire dalla realtà, ma penetrarne l'essenza. Le rappresentazioni archetipiche dell'universo, espresse dalle varie tradizioni, servono esclusivamente alla pratica. L'albero sefirotico kabbalistico, il simbolismo alchemico, la cosmogonia gnostica, ecc. sono espressioni simboliche e non vanno prese alla lettera; il valore reale risiede soltanto in quello che "risvegliano", in ciò che fanno "risuonare" nell'inconscio di chi li usa come strumenti di conoscenza del micro e del macrocosmo. Ciò vale anche per il vero occultismo; la magia ritualistica e le varie forme di divinazione, non mirano a fare "patti" con "entitá demoniache" o a far apparire cose dal nulla, ma ad illuminare le aree oscure della propria psiche ed "evocarne" le potenzialitá "occulte" (nascoste), celate all'ordinario stato di coscienza. Solo esplorando queste facoltà nascoste e dominandole con una "pura Volontà" sarà possibile usarle per attuare cambiamenti nella realtá.

"L'anima contiene non meno enigmi di quanti ne abbia l'universo con le sue galassie. La nostra psiche è costruita in armonia con la struttura dell'universo, quindi ciò che accade nel macrocosmo accade ugualmente negli infinitesimi e più recessi dell'anima."
- C.G. Jung

L'uomo è un microcosmo in cui si rispecchiano e agiscono tutte le leggi dell'universo. É questo il significato dell'assioma ermetico: "Come in alto così in basso, come dentro così fuori"; non c'è che una sola legge e colui che opera è Uno. Essendo stato creato dalle stesse leggi che hanno creato il mondo, se l'uomo riuscisse a conoscere e comprendere se stesso, conoscerebbe e comprenderebbe tutte le leggi che creano e governano il mondo.

Viceversa, studiando il mondo e le leggi che lo governano, apprenderebbe e comprenderebbe le leggi che governano lui stesso. Lo studio del mondo e lo studio dell'uomo dovrebbero quindi essere condotti parallelamente, l'uno aiutando l'altro; ma dato che la cosa più vicina all'uomo è egli stesso, occorre iniziare con la conoscenza di sé.

Il punto di partenza, la "pietra grezza" della "Grande Opera" è l'uomo, la sua struttura interna e i suoi condizionamenti limitanti. Il lavoro non è concettuale; è un lavoro pratico e va svolto nel mondo, "qui ed ora", non nei propri sogni o fantasie. I risultati devono essere concreti, tangibili; se un percorso esoterico/spirituale non porta a cambiamenti reali in se stessi e nel proprio modo di vivere e vedere le cose non è tale, ma solo masturbazione mentale.

Nell'esoterismo non esistono dogmi da seguire per raggiungere dimensioni paradisiache post mortem; la morte non regala nulla a chi si è limitato ad obbedire a regole morali per paura dell'inferno. Il "paradiso" va trovato qui, la "risurrezione" va realizzata in vita. Quelle esoteriche sono delle vere e proprie "scienze interiori", per quanto questo termine possa far inorridire i moderni scienziati materialisti che non riconoscono nemmeno la psicologia tra le "scienze esatte". Ma come scrive Crowley nell'introduzione al suo libro più celebre, non importa se certe cose esistano o meno: facendo determinate cose, ci sono determinate conseguenze.

"In questo libro si parla di Sepiroth e di Sentieri, di Spirito e di incantesimi; di Dèi, sfere, piani e molte altre cose ancora che potrebbero e non potrebbero esistere. Non ha importanza che esistano o no. Facendo certe cose, certi risultati seguono; gli studiosi sono avvisati con franchezza di guardarsi dall'attribuire realtà obbiettiva o validità filosofica ad alcuni di essi."

- Aleister Crowley, Magick

V.I.T.R.I.O.L.

"Scava dentro di te; dentro è la fonte del bene, e può zampillare inesauribile, se contnuerai a scavare. Ricordati che sta nascosto dentro di te ciò che muove i fili della tua esistenza, ed è attività, è vita, è l'uomo. Non confonderlo mai, quando te lo immagini, con l'involucro che lo avvolge, nè con gli organi che gli sono stati modellati intorno. Renditi finalmente conto d'aver dentro di te qualcosa di più forte e divino di ciò che genera le passioni e ti muove come un burattino."

- Marco Aurelio, Pensieri

L'acronimo alchemico "V.I.T.R.I.O.L.U.M.", spesso abbreviato in "V.I.T.R.I.O.L.", è formato dall'espressione latina "Visita Interiora Terrae Rectificando Invenies Occultum Lapidem Veram Medicinam", che significa "Visita l'Interno della Terra, e Rettificando Troverai la Pietra Nascosta che è la Vera Medicina". Si tratta quindi di un invito a discendere nella terra, negli "inferi", nell'inconscio. La "terra" è il simbolo dell'uomo fisico; l'alchimista deve prendere coscienza del suo mondo interiore, di chi è, di cosa sta facendo e di quali sono le sue motivazioni. Una volta rivolta l'attenzione verso l'interno, si scoprirà un mondo occulto: gli inferi dell'Ade, il regno oscuro delle ombre e dei demoni. Ma è nel profondo dell'uomo, nell'oscurità della sua psiche che risiedono i moventi delle sue azioni. Il prendere coscienza di questi impulsi profondi è una condizione necessaria per esplorare la zona oscura di se stessi ed illuminarla con la luce della coscienza. "Rectificando" significa "correggere" i nostri aspetti negativi, dissolvere i blocchi psichici e purificare le emozioni nocive alla nostra crescita spirituale. Questo processo serve a "raddrizzare" ciò che è cresciuto storto durante la vita. L'alchimista deve ripulirsi da tutta la "sporcizia", da tutte le sue "scorie". Egli deve conoscere, sentire ed essere responsabile di tutti suoi pensieri e sentimenti. Le emozioni non devono essere semplicemente represse, poiché così facendo si otterrebbe l'unico effetto di "comprimerle" in qualche angolino della propria psiche, dal quale potrebbero emergere quando meno ce lo aspettiamo; vanno invece sublimate, cambiate e trasmutate in sentimenti più elevati. La repressione incatena l'uomo agli oggetti che reprime, ma la purificazione li trasmuterà in elementi positivi, portandolo più vicino alla sua vera essenza. Fin quando non intraprenderemo consapevolmente questa Grande Opera, finchè non affronteremo, illuminandoli, i demoni del nostro inconscio, dolore e sofferenza disturberanno le nostre vite.

"V.I.T.R.I.O.L." è quindi la discesa agli inferi e comporta il "distacco dal corpo" e la "purificazione dell'anima", ciò che nella tradizione ermetico-alchemica è chiamata "Opera al nero" o "Nigredo". Gli "Inferi", in realtà, rappresentano simbolicamente la "sub-coscienza", il "sotterraneo" della natura umana, i "bassifondi" dell'essere. D'altronde, perchè questa discesa agli inferi abbia significato, è necessario che sia vissuta come una "ricapitolazione" di tutte quelle "cristallizzazioni psicologiche" che, più o meno consapevolmente, hanno motivato il comportamento dell'alchimista.

La "rettificazione" che segue, è dunque la riduzione alla "materia prima" per estrarne la radice divina, o "pietra nascosta": "l'Opera al bianco" o "Albedo" degli ermetisti. È un mutamento interno di polarità, una dilatazione coscienziale che consente all'uomo che cerca, meditando, di "denudare" la Verità, di sollevare il velo della natura per conoscerne i segreti, di percepire il sacro in se stesso e in tutto ciò che lo circonda.

Solventi Alchemici o

"Acque Corrosive"

"L'alchimia serve a separare il vero dal falso."

- Paracelso

Il divieto di usare alcol, tabacco e altre sostanze psicoattive non appartiene al vero esoterismo, ma piuttosto alla "pseudo spiritualità" moderna. Nel corso della storia, sono state usate molte sostanze per entrare in contatto con altri piani della realtà. Dai "funghi magici" di Druidi e sciamani, al miele fermentato dei rituali misterici greci, alla Marijuana dei devoti di Shiva, all'Hashish degli Illuminati di Baviera, ecc.

Nell'esoterismo tutto dipende non tanto da ciò che viene fatto, ma per quale motivo viene fatto, dal come e dai riscontri interiori. Molte cose apparentemente "innocenti" possono essere in realtà più pericolose e nocive per certi tipi di persone, se svolte in modo dogmatico o meccanico. Mentre altre azioni, che molti disapproverebbero per tabù morali, potrebbero al contrario essere utili e persino essenziali per loro, se ci fosse un significato e una consapevolezza dietro il loro uso. Spiritualmente, non sono le azioni esteriori ad "intrappolarci", ma il nostro attaccamento interiore ad esse.

Nei suoi libri, l'antropologo Carlos Castaneda racconta dell'uso millenario di "Piante di Potere" da parte degli sciamani dell'antico Messico, come vera e propria ricerca nel campo della coscienza umana. Attraverso stati percettivi alterati, essi scoprirono aspetti del mondo fino ad allora sconosciuti. Riconobbero che ciò che chiamiamo "normale percezione" è solo il prodotto di una convenzione sociale, ovvero una descrizione del mondo del tutto arbitraria e che, tramite mezzi adeguati, essa può essere smantellata e sostituita da altre forme di percezione ugualmente reali ed "oggettive".

"Non c'è stregoneria, né il male, né il diavolo. C'è solo la percezione."

- Don Juan Matus

"Acque corrosive" è il termine usato nell'Alchimia per indicare tecniche e metodi estremi e veloci per dissolvere il guscio della personalità ed arrivare alla percezione del Sè divino. Nell'esoterismo si parla di "Via Umida", passiva, introversa, di distacco dalle illusioni materiali, contrapposta alla "Via Secca" attiva, estroversa, in cui ci si "immerge in Maya" per "penetrarla" e trovare il vero Sè. La prima, spesso associata alla "Via della Mano Destra", è più lunga, ma ha minori rischi; la seconda, associata alla "Via della Mano Sinistra", è più breve, ma il rischio concreto è quello di soccombere agli stimoli esterni e perdersi in essi.

Tecniche molto potenti sono utilizzate da millenni nelle vie iniziatiche orientali, principalmente nella via del Tantra, in cui si ricorre anche all'uso dell'energia sessuale (Kundalini). L'obiettivo dei rituali tantrici non è quello di perdersi nel piacere dei sensi, ma al contrario restare "centrati", "cavalcare la tigre", trascendere i sensi stessi vincendo l'identificazione con il corpo, trasmutare l'energia scaturita dagli istinti carnali per elevarsi al di sopra dell'io.

"Fino a quando puoi controllare le sostanze inebrianti che assumi - fino a quando sei tu a consumare le droghe e non esse a consumare te - puoi guidarle ad alterare la tua natura come ritieni più opportuno. Gli Aghori usano queste sostanze per imparare a rimanere fermi. Nessun buon Aghori permette mai ad una sostanza inebriante di controllare la sua mente, qualunque cosa faccia è sempre sotto il suo controllo. Se quando le assumi sei preda di allucinazioni o perdi comunque il controllo, sappi che la droga ti ha "scosso". Se la tua coscienza è offuscata dalle droghe, sarai rovinato perchè esse rafforzeranno e intensificheranno i limiti della tua natura."

- Robert E. Svoboda - Aghora, alla Sinistra di Dio

Secondo l'insegnamento di Gurdjieff, l'uomo è costituito da due parti: Essenza e Personalità. L'Essenza è ciò che è suo. La Personalità è ciò che ha acquisito dall'esterno, ciò che ha appreso dall'ambiente in cui è cresciuto; tutte le impressioni esteriori rimaste nella memoria e nelle sensazioni, tutte le parole e tutti i movimenti che gli sono stati insegnati, tutto questo è "ciò che non è suo", tutto questo è la Personalità. Ciò che è suo, ciò che gli è proprio, ossia la sua Essenza, si manifesta normalmente soltanto nei suoi istinti e nelle sue emozioni più semplici. L'elemento che nell'uomo "non è suo", differisce da ciò che gli è proprio per il fatto che può essere perso, alterato, tolto con dei mezzi artificiali.

Gurdjieff aveva descritto vari modi in cui era possibile separare artificialmente l'una dall'altra, Personalità ed Essenza. Disse che in certe scuole esoteriche venivano usate a tale scopo droghe, ipnosi ed esercizi particolari. Vi erano ad esempio certi narcotici che possedevano la proprietà di far addormentare la Personalità per un certo tempo senza influire per nulla sull'Essenza, che poteva così manifestarsi liberamente.

Il risultato di questo tipo di esperimenti poteva essere che un uomo solitamente pieno di idee, simpatie, antipatie e forti convinzioni, si rivelava completamente indifferente nella sua Essenza a tutte queste cose. Idee per le quali prima sarebbe stato pronto a morire ora gli apparivano ridicole e del tutto indegne della sua attenzione. Tutto ciò che egli mostrava dopo aver preso il narcotico erano alcune tendenze istintive, infantili. Il narcotico rivelava quanto era immatura la parte più vera di lui. Essendo l'Essenza la parte più vera di noi, è soltanto da essa che può nascere qualcosa di vero e di nuovo come un "Io" dominante e permanente che possa condurci a piani di consapevolezza superiori.

Certe sostanze vengono usate per un unico fine: studiare se stessi, conoscersi meglio, esplorare le proprie possibilità e discernere in anticipo ciò che si potrà raggiungere effettivamente al termine di un lavoro su di sè. Quando si è potuta toccare la realtà di ciò che si è imparato teoricamente, è possibile iniziare a lavorare coscientemente; si sa dove si va. Questa spesso è la via più facile per persuadersi della reale esistenza delle possibilità occulte che l'uomo suppone solo di avere, ma è tuttavia indispensabile una conoscenza approfondita della "macchina umana" e della sua chimica speciale. In tutte le scuole che seguono metodi simili, queste esperienze sono effettuate solo quando sono veramente necessarie e soltanto sotto il controllo esperto e competente di chi possa prevederne i risultati e prendere tutte le misure necessarie contro i rischi di conseguenze indesiderabili. É la dose a fare il veleno. C'è un veleno che rende ciechi, ed uno che invece apre gli occhi.

"Fà che le acque in cui navighi non ti bagnino."

- Aleister Crowley, Il Libro Di Thoth

La Notte Oscura dell'Anima

"Non ci può essere rinascita senza una notte oscura dell'anima, un totale annientamento di tutto ciò che hai creduto e pensato di essere."

- Hazrat Inayat Khan

Il cammino spirituale è un processo di graduale disillusione, in cui ciò che immaginavamo essere vero viene completamente sradicato. Non ha niente a che fare col diventare più buoni, migliori o felici. È un processo di "smantellamento" che permette di vedere attraverso la facciata della finzione, e che alla fine ci lascerà soli con la nuda Verità; l'unica cosa che alla fine potrà davvero appagarci. L'incontro con il Sè sradica la sensazione di solitudine, ma avviene soltanto attraverso un periodo di solitudine. Per i mistici, la "notte dell'anima" è un periodo di tristezza, paura, angoscia, confusione e solitudine; una fase praticamente inevitabile nel percorso verso Dio, verso il reale. Quando cerchiamo di uscire dall'illusione del nostro ego, ci accingiamo ad entrare in una nuova dimensione sconosciuta, colma di dubbi, ambiguità, incertezze; una dimensione in cui ci si sente persi, in cui ogni punto di riferimento sembra scomparire.

In questo stato la paura vorrebbe indurci a smetterla di esplorare i dintorni e a tornare al sicuro nel nostro recinto abituale, dal quale forse non saremmo mai dovuti uscire. La vita ordinaria ci spinge a credere che la nostra trasformazione personale non possa essere altro che un'insensata utopia. Ci si sente incompresi e spesso si entra in una fase di rassegnazione, depressione e melanconia, fino alla convinzione di essere dannati o perduti. Vengono a tacere le voci delle passioni, degli affetti e di quanto altro anima e muove l'esistenza. Ricondotto al proprio centro, l'individuo avverte allora a nudo il quesito dei quesiti: "Che cosa sono io?". Chi è abbastanza forte da portarsi oltre l'illusione, non può che giungere a questa sconcertante constatazione:

"Io non sono nulla. Questo "io" che tanto venero e proteggo in realtà è un fantasma. Niente è davvero "mio". Non sono io a possedere la vita, è la vita a possedere me."

Questa nuova spaventosa percezione apre una voragine in cui cadono tutte le nostre certezze. Quando si spalanca l'abisso, la luce che ne emerge cancella il buio, ma rivela anche gli orrori che fino ad allora erano rimasti celati nell'ombra; è l'incontro con il "Guardiano della Soglia". Ci si accorge che tutto ciò che si fa nella vita ordinaria serve solo a distoglierci da questo scomodo ma fondamentale quesito. Si viene impossessati da un senso di disgusto, di indegnità, di impotenza mentale e tutto questo fa sparire la motivazione ad agire, a ricercare una luce in questa nuova dimensione "oscura". Ma la luce è presente ora più che mai, solo acceca chi da troppo tempo ha vissuto nelle tenebre. Più forte è la luce, più profonda è l'ombra che essa proietta; più elevati sono i nostri ideali, più chiaramente vediamo i nostri difetti. Chi trova il coraggio di non fuggire da questo stato di angoscia e disorientamento ricadendo in vecchie o nuove illusioni, giungerà presto ad abituare i suoi occhi ad una nuova e splendente realtà.

All'inizio percepiremo che il nostro vecchio mondo, il nostro comodo e consueto mondo, quello in cui siamo nati, quello a cui ci siamo assuefatti e che immaginiamo l'unico vero, sta andando in rovina e cade a pezzi. Ogni cosa che prima sembrava vera, diventa falsa, ingannevole, fantastica, irreale. L'impressione dell'irrealtà di tutto l'ambiente sarà fortissima. Il percorso che conduce alla Luce passa inevitabilmente per un periodo buio, terribile come la morte. Ma dolore e angoscia sono direttamente proporzionali al nostro attaccamento alle illusioni su cui poggiano le nostre vite; la Luce è dolorosa solo quando illumina le aree in cui dobbiamo cambiare. Questo senso di spaventoso smarrimento è la prima e più terribile prova dell'iniziazione.

Spesso la solitudine che si sperimenta è la peggiore che si possa immaginare, è come vagare soli nel deserto; chi non trova la fonte della vita eterna o si lascia ammaliare da false oasi è destinato a morire di sete. Il dolore deve essere sopportato con fermezza, senza cercare alcun mezzo per alleviarlo. Ma se è vero che "per arrivare all'alba non vi è altra via che la notte", è anche vero che "l'oscurità rende visibili le stelle". In tutte le Tradizioni iniziatiche occorre "morire" al vecchio per "rinascere" in una nuova dimensione. Questa "morte" è in verità purificante, ed è necessaria alla nostra "risurrezione" spirituale. Per nascere nel mondo reale dobbiamo morire a quello illusorio; per far risorgere il vivo, occorre che il morto muoia: tanto più si muore, quanto meno si è.

"Se cerchi una luce, cadrai anzitutto in un'oscurità ancor più profonda. Non c'è presa di coscienza senza sofferenza. In tutto il mondo la gente arriva ai limiti dell'assurdo per evitare di confrontarsi con la propria anima. Non si raggiunge l'illuminazione immaginando figure di luce, ma portando alla coscienza l'oscurità interiore. Chi guarda fuori sogna, chi guarda dentro si sveglia."

- C.G. Jung

"Più t'inoltrerai e più i tuoi piedi incontreranno insidie. Il Sentiero che conduce in alto è illuminato da una sola fiamma, dalla fiamma dell'audacia che risiede nel cuore. Più osi, più otterrai; più temi e più la luce impallidirà, ed essa sola può guidare." - H.P. Blavatsky

Il risveglio può essere molto sgradevole per chi è troppo immerso nei propri sogni; più ci si identifica in essi aggrappandosi a sostegni illusori, più traumatico sarà aprire gli occhi. Quella che appare come la protezione più sicura, diverrà il vuoto più nero; gli unici sostegni validi sono i passi verso il Vero. Sentimenti, volontà, desideri, sono legati al tempo e cessano in esso; solo dopo aver bruciato l'attaccamento alle nostre illusioni temporanee sarà possibile fare esperienza del reale; in caso contrario saremo noi stessi a "bruciare" e a svanire nell'illusione. "Verità" non è sinonimo di "felicità". Si potrebbe piuttosto affermare che chiunque pensi di aver raggiunto il "vero" senza soffrire, in realtà non ha trovato niente, se non un sogno più confortevole.

L'angoscia e la disperazione ci assalgono finchè non capiamo di stare per entrare in un ordine superiore della realtà. Non è il cambiamento ad essere doloroso, ma la nostra resistenza ad esso. Sconforto, paura e tristezza perdureranno finchè non si trasformeranno nella gioia della percezione di un nuovo piano di esistenza. La ricerca di se stessi implica la capacità di continuare a camminare con fermezza, significa imparare a superare se stessi, facendo crescere lentamente i limiti della nostra coscienza. Nel percorso verso il risveglio, assistiamo al ritirarsi delle proiezioni di cui ci siamo serviti per modellare la "realtà", sia del mondo circostante che del mondo interiore.

Strappare i veli dell'illusione non è affatto piacevole; spesso è piuttosto doloroso. Le illusioni non sarebbero così numerose se non servissero a coprire dei luoghi penosi dove si spera non arrivi mai la luce. Per mettere in discussione l'immagine fittizia della propria personalità ed accettarne le conseguenze, è necessario un grado non comune di superamento di se stessi. Giungiamo spesso a riconoscerci diversi da come ci immaginavamo e ad una sensazione di disincanto nei confronti del mondo. Niente sembra avere senso, ogni maschera viene strappata senza pietà portando alla luce gli inganni in cui eravamo abituati a vivere. La conoscenza si rivela futile, il passato irrilevante, tutte le abitudini, i modi abituali di pensare e di comportarsi, semplicemente non hanno più alcun senso. Questo momento di crisi ci pone di fronte a un deserto: se riusciamo a trovare il coraggio di continuare nel percorso, verremo trasformati. Più oscura è la Notte dell'Anima, più intensa è la Luce che ci aspetta.

Il processo di purificazione e risveglio include diverse fasi, come d'altronde ci dice l'Alchimia stessa. La "Notte Oscura dell'Anima" può senz'altro essere associata alla Nigredo alchemica, la morte iniziale, caratterizzata dall'archetipo dell'Ombra, attraverso cui il "vecchio" muore per lasciare spazio al "nuovo". É una fase di profondo sconforto, depressione, solitudine, rassegnazione, ma tuttavia indispensabile per poter accedere alle fasi successive.

"Io gridai infuriato: "È terribile, pare un'assurdità, pretendi questo da me? Tu abbatti dèi che sono potenti e che per noi significano quanto c'è di più elevato. È questa la tua via, anima mia? Tu tessi intorno a me la tenebra più fitta, e io sono come un matto imprigionato nella tua rete. Ma voglio che tu m'insegni."

Ma l'anima mi parlò, dicendomi: "Il mio è un sentiero di luce."

Replicai sdegnato: "Chiami luce quello che noi uomini definiamo la peggiore delle tenebre? Chiami giorno la notte?"

A questo l'anima rispose con parole che mi mossero all'ira: "La mia luce non è di questo mondo."

Gridai: "Dell'altro mondo non so niente!"

L'anima rispose: "E non dovrebbe esistere soltanto perchè tu non ne sai niente?"

Io: "Ma allora il nostro sapere? Neanche il nostro sapere ha valore per te? Dove sono finite le certezze? Dove la terraferma? Dove la luce? La tua tenebra non solo è più nera della notte, ma è anche senza fondo. Se non esiste il sapere, allora forse neanche il linguaggio e le parole?"

E l'anima: "Neanche le parole."

- C.G. Jung, Liber Novus

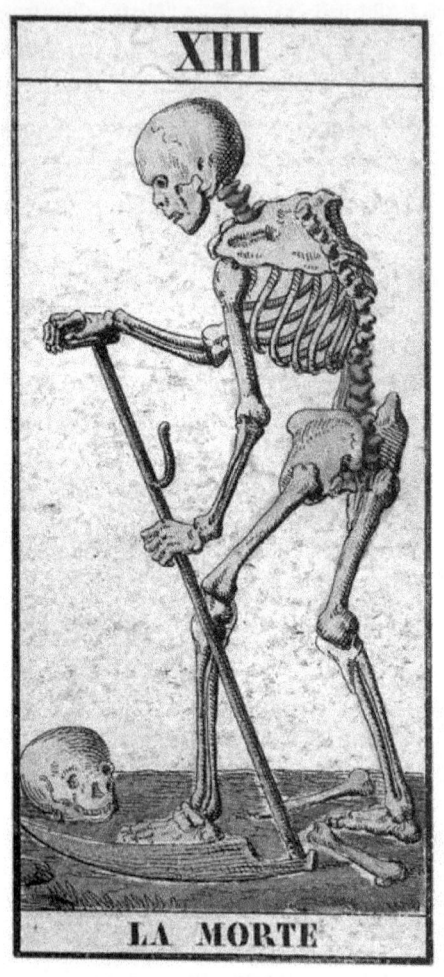

"'L'uomo può nascere, ma per nascere deve prima morire, e per morire deve prima svegliarsi."

- G.I. Gurdjieff

Da "Notte Oscura" di Giovanni della Croce

"In una notte oscura

In segreto e da nessun notata,

senz'altra guida o luce

fuor di quella che nel cor mio riluce."

"Per poter gustare l'amore che l'anima si prepara a ricevere tramite l'unione con Dio bisogna che ella si annulli e si purifichi dalle sue affezioni.

Più la luce divina da cui l'anima è investita è pura e semplice, più la ottenebra, la svuota e la libera dalle sollecitudini per le cose del cielo e della terra. Essa non solo immerge l'anima nell'oscurità, ma la spoglia anche delle sue facoltà e dei suoi appetiti materiali e spirituali. Allo steso tempo la illumina e la purifica di sublime luce spirituale tramite il buio e lo svuotamento. Tutto ciò comunque si verifica sempre all'insaputa della stessa anima, che continua a credersi all'oscuro. All'inizio patisce per la presenza contrastante e contemporanea di due opposte influenze: lo splendore divino e la bruttura umana. L'anima non patisce soltanto il vuoto e la sospensione dei sostegni e delle percezioni naturali, ma resta come sospesa nell'aria con l'impressione di non poter più respirare.

Per liberarsi e mondarsi dalla ruggine e dalle scorie delle affezioni che l'hanno intaccata fin nel suo intimo, l'anima deve annientarsi e struggersi nella stessa misura in cui precedentemente si è incallita in quelle abitudini funeste. Invero Dio la umilia a tal punto solo per poterla poi innalzare. Se Egli non tenesse a freno i sentimenti che in tali circostanze insorgono nell'anima, ella ne morirebbe in pochi giorni, quindi intervalla le umiliazioni con istanti in cui le fa recuperare la sua intima vitalità. A volte ella invece avverte così acutamente la sua miseria che le sembra che le si spalanchino davanti le porte dell'inferno.

A questo va aggiunto che a causa della solitudine e dell'abbandono della notte oscura, l'anima non riesce neppure a trovare consolazione e sostegno in dottrine e in maestri dello spirito, e malgrado le si lasci intendere in diversi modi che da tali sofferenze le verranno dei gran beni, non può crederci. È talmente convinta della sua miseria che le pare che chi tenta di consolarla non capisca la sua condizione perchè non vede e non sente quello che ella vede e prova. A volte ha l'impressione di soffrire al di là di se stessa, di vivere in un sogno o in un incubo, perchè procedendo più a modo dell'altra vita che di questa, si annienta nell'umano e si conforma nel divino.

Il fatto è che l'oscurità e le altre sofferenze che ella patisce quando è investita dalla luce, non sono attribuibili alla luce, ma alle sue stesse miserie: la luce gliele rischiara e gliele fa vedere. Infatti più ella gli si accosta e più le si anneriscono le tenebre e si ispessisce l'oscurità in cui ella è sprofondata a causa della sua debolezza. Somiglia infatti a chi avvicinandosi troppo al sole, e non tollerandone lo splendore per la fiacchezza della vista, vede tutto nero. La luce spirituale di Dio è talmente intensa, e tanto oltrepassa l'intelletto umano, che chi gli si accosta non può che restare abbagliato e accecato.

Per spogliarla dell'uomo vecchio e rivestirla dell'uomo nuovo, Dio le mette a nudo le potenze, gli affetti e tutti i sensi, esteriori e interiori, spirituali e sensibili. Inoltre lascia al buio l'intelletto, inaridisce la volontà, svuota la memoria e immerge gli affetti dell'anima in confusioni, amarezze e tristezze, privandola altresì del gusto che provava per i beni spirituali. Tale svuotamento radicale è necessario per introdurre l'anima alla Sua invasione d'amore nella forma eminentemente celestiale dello Spirito. Tramite le tenebre e l'aridità di questa notte, Dio trasforma gradualmente l'anima, ne frena la concupiscenza e ne modera gli appetiti. Di frequente e quando meno se lo aspetta è invasa da soavità spirituali e amorosi insegnamenti ben superiori per valore e profitto a quelli che gustava un tempo.

Non è possibile prevedere la durata della notte dell'anima, che non si presenta mai allo stesso modo e non è uguale per tutti. Dio stesso stabilisce un lasso di tempo di digiuno e di penitenza secondo l'ammontare delle imperfezioni di cui ci si deve purificare, e umilia l'anima più o meno gravemente per un periodo più o meno prolungato a seconda del grado di amore a cui la vuole elevare."

"La ricerca della realtà è la più pericolosa delle imprese, perchè distruggerà il mondo in cui vivi. Ma se sei spinto dall'amore per la verità e per la vita, non hai niente da temere. Cerca di capire: ciò che tu pensi sia il mondo, in realtà è la tua stessa mente. Quando ti rendi conto che il mondo è una tua proiezione, ne sei libero."

- Nisargadatta Maharaj

"La tua luce brillerà nelle tenebre

Alchimia

"Come in alto, così in basso; come fuori, così dentro; come sopra, così sotto. Tu dividerai il grezzo dal sottile e riunificherai tutte le cose in Uno."

- Ermete Trismegisto

L'Opera alchemica è un processo di "soluzione" e "coagulazione": si scioglie la materia e si coagula lo Spirito. Nella sua caduta nell'oblio materiale, la scintilla divina si riveste del fango di questo mondo (corpo, emozioni, pensieri), ed è questo "fango" che deve essere dissolto per permettere all'alchimista di riscoprire la propria radice divina e fissare la sua coscienza in essa. Le nostre menti e i nostri corpi sono veli della Luce interiore; lo scopo della Grande Opera è rendere quei veli trasparenti, purificandoli.

Il processo alchemico rimuove le impurità e permette di trovare in se stessi un'intelligenza immortale per la quale la materia non è altro che un mezzo di manifestazione. Perciò gli alchimisti dicevano: "Per fare l'oro ci vuole l'oro"; la loro arte consisteva nel portare ogni sostanza alla perfezione della sua stessa natura. Essi facevano esperimenti con l'anima delle cose, di cui la forma materiale è solo una manifestazione esteriore sul piano fisico.

L'Alchimia è la distillazione graduale dei contenuti dell'anima, fino a quando non siano spogliati del mortale per rivestirsi dell'immortale; tutto deve dissolversi nel fuoco dell'alchimista, prima che la sostanza divina si risvegli. Nella trasmutazione dei "metalli vili" in oro, l'alchimista cerca in realtà di trasmutare sè stesso, proiettando la sua coscienza nei metalli che tenta di "purificare". I metalli vili sono associati all'anima mondana vittima della vita psico-mentale e schiava dei condizionamenti esterni; l'oro è invece identificato con l'anima assolutamente libera, statica, pura. Ogni grado di perfezionamento alchemico o di avvicinamento all'Oro, corrisponde a un grado di "perfezionamento" mistico di liberazione dell'anima.

La via alchemica porta ad immergersi nella Causa Prima, in Dio, nell'Assoluto. La Causa Prima è una, infinita, eterna; tutto ciò che si allontana da essa tende, gradualmente, verso la corruzione e la non-esistenza. La Grande Opera quindi, consiste nell'entrare in unione con l'infinito e liberare la divina scintilla di luce imprigionata nel corpo. Quello alchemico non è lavoro di pochi giorni, ma l'opera di un'intera vita e aderisce all'esistenza stessa dell'alchimista. I veri alchimisti non mirano ad arricchirsi materialmente per godersi la vita rincorrendo vane ambizioni, ma a modellare se stessi sull'intelligenza divina che ordina il mondo e l'universo intero. L'Alchimia esterna serve quindi solo da "sostegno rituale" per quella interiore, che teoricamente non richiederebbe alcuna operazione di laboratorio. Ognuno di noi ha dentro di sè tutto il necessario per il compimento della Grande Opera. Purificarsi interiormente per potersi elevare abbastanza da consumare l'intima unione dell'Uomo con Dio: questo è l'eterno disegno degli Iniziati di tutte le epoche.

"Esiste una sola sapienza: riconoscere l'intelligenza che governa tutte le cose attraverso tutte le cose."

- Eraclito

Le principali fasi alchemiche necessarie all'estrazione dell'Oro sono tre:

- Nigredo o Opera al Nero, in cui la materia si dissolve, putrefacendosi;
- Albedo o Opera al Bianco, durante la quale la sostanza si purifica, sublimandosi;
- Rubedo o Opera al Rosso, che rappresenta lo stadio in cui si ricompone, fissandosi.

Nei tre capitoli seguenti ho raccolto pensieri e piccole "illuminazioni" personali ispirate ad ognuna di queste fasi. Mi auguro che possano essere d'ispirazione o di aiuto anche al lettore.

"Se porterete alla luce quello che è dentro di voi, quello che porterete alla luce vi salverà. Se non porterete alla luce quello che è dentro di voi, quello che non porterete alla luce vi distruggerà."

- Vangelo Gnostico di Tommaso

Nigredo

"*Quando vedrai la materia annerire, rallegrati perchè è l'inizio dell'Opera. Nulla si compie senza il colore nero. Quando avrai visto il Nero stesso, sappi che la bianchezza è celata nel suo ventre.*"

- Michael Maier, Atalanta Fugiens

Nella Nigredo il fuoco interno viee attivato e la materia inizia a putrefarsi fino a ridursi al suo stato originario. Il primo passo è guardarsi allo specchio, spogliarsi dalle comode e rassicuranti vesti sociali, togliersi dal volto le false espressioni delle nostre maschere ed osservare faccia a faccia le nostre contraddizioni e le nostre debolezze

----

- L'uomo è un animale intellettuale che cerca sicurezza in un ambiente ostile. Benchè si addobbi con valori che ha fatto suoi e si nasconda dietro sofismi elevati, la sua vita resta soltanto una triste lotta per la sopravvivenza.

- Passiamo la vita cercando di rientrare in canoni stabiliti da altri. Seguiamo valori illusori, aspettandoci ricompense ancor più illusorie. È tutto nella nostra mente. Ci barrichiamo in illusioni per proteggerci dal nostro naturale disagio esistenziale, per poter arrivare alla fine dei nostri giorni senza pensare al fatto che in realtà non sappiamo niente, non siamo niente e che tutto ciò che facciamo verrà spazzato via dal tempo.

- La gente non cerca la verità, cerca un ideale che gratifichi le proprie debolezze.

- Il 90% delle cose che facciamo ogni giorno, in realtà non ci porta da nessuna parte. Rincorriamo le apparenze e il transitorio, non riflettendo mai sul fatto che anche noi lo siamo; viviamo a testa bassa su linee prestabilite da altri, senza mai fermarci e guardarci intorno. Rispettiamo "doveri sociali" che ci soffocano, basati su una distorsione percettiva condivisa e limitante, accettando imposizioni che odiamo ma che trasmettiamo automaticamente alle generazioni successive. Qualcosa di essenziale, invece, resta relegato in un angolino di noi stessi, fino ad atrofizzarsi completamente.

- Siamo così abituati a mascherarci da non riuscire più a riconoscere il nostro vero volto. Le maschere sociali sono tanto utili quanto dannose; più a lungo le indossiamo più il nostro vero "Io" rischia di morire soffocato.

- Siamo dei robot programmabili a piacimento. C'è ben poco che possiamo fare di "nostro" se prima non capiamo questo e tentiamo di riprendere il comando di noi stessi per riscriverci da soli il programma da seguire.

- L'uomo cerca perennemente di colmare un vuoto essenziale con oggetti e piaceri superficiali, e per questo resta perennemente insoddisfatto. Tutto ciò che pensa e che fa è per il suo piccolo io, che in realtà non esiste.

- Desideri, bisogni fisici e psicologici stanno alla base della natura umana. Ciò che ci fa andare avanti è la necessità di colmare un vuoto e la speranza, un giorno, di riuscirci. E siamo tutti disposti a fare carte false per raggiungere questo obiettivo.

- Ce ne andiamo in giro come sonnambuli, narcisisti, egocentrici, bisognosi di considerazione, seguendo la trama dei nostri desideri indotti. Qualcosa di vero, di antico, di autentico è stato coperto e celato da sogni e condizionamenti esterni.

- Auto, vestiti, cellulari... abbiamo trasformato dei mezzi in fini, dimenticando la destinazione e il senso del nostro viaggio. - Gran parte delle cose che facciamo serve solo a cercare di abbellire l'immagine che gli altri hanno di noi.

- L'uomo è una creatura incompleta che cerca pateticamente di costruirsi una personalità fittizia che gli permetta di vivere in accordo a un mondo che esiste solo nella sua mente. Tutto ciò che intraprende e in cui crede è insignificante e destinato a dissolversi senza lasciare alcuna traccia.

- Più si è distanti da se stessi, più si dipende dall'approvazione degli altri.

- L'ego ci tiene in ostaggio usando come arma la nostra stessa mente.

- L'uomo non ha una volontà propria, ma pulsioni inconsce che non controlla a cui cede.

- Non è l'amore che "move il sole l'altre stelle", ma la necessità, la brama, la schiavitù psicofisica.

- Finchè si è nell'ego non ci si vuole rapportare, si vuole prevaricare, sentirsi migliori, apparire, usare gli altri per il proprio tornaconto.

- Il prezzo della tecnologia è la nostra umanità. Siamo "connessi" con tutto, tranne che con la realtà.

- Viviamo in città di pietrificati e di sonnambuli che non sanno più nulla di se stessi, che hanno dimenticato persino l'elemento primario e miracoloso nel quale vivono immersi.

- Lo sfruttamento dell'uomo finirà solo il giorno in cui gli individui scopriranno la loro vera natura e saranno disposti a morire piuttosto che a farsi sfruttare.

- Viviamo tutti nel nostro piccolo mondo di sogni, e di solito pretendiamo inconsciamente che anche gli altri condividano le nostre stesse fantasie e si conformino ad esse considerandole reali e oggettive. L'errore più diffuso e la causa di molti dei mali della nostra civiltà, è quello del voler imporre a tutti i costi la propria mappa della realtà agli altri.

- Non siamo mai nella realtà, viviamo sempre nelle nostre interpretazioni della realtà.

- La sola realtà che le cose possiedono è la realtà conferita dai nostri sensi. Le cose appaiono come sembrano solo in virtù dei delicati strumenti fisici e mentali attraverso cui le percepiamo. Ma i nostri sensi ci trasmettono solo una piccola parte distorta della realtà, e su quella noi creiamo le nostre convinzioni.

- Se non possediamo in noi qualcosa di incondizionato e indipendente dalle circostanze esterne, in realtà non esistiamo affatto.

- L'imitazione è alla base della personalità umana. Inconsciamente o meno facciamo nostri i modi di fare delle persone che ci circondano e li ripetiamo, sempre inconsciamente, quando la situazione lo richiede.

- Essendo la sua essenza atrofizzata e allo stato infantile, l'uomo comune si sentirà nudo e indifeso se privato con forza della propria maschera che egli scambia erroneamente per la sua "individualità". Così cercherà, di solito con arroganza, di nascondere la propria inadeguatezza dietro al paravento dei luoghi comuni, rifugiandosi nell'ipocrisia della massa.

- I pregiudizi mentali danno vita ai pregiudizi percettivi, che sono quelli che ci impediscono di vedere le cose come realmente sono. Le nostre credenze diventano il filtro distorsore attraverso cui vediamo il mondo. Credere è sognare, vedere le cose nella loro vera essenza è essere svegli.

- In natura vige la regola del "mangia o sii mangiato", tutto consuma e tutto viene consumato. Per poter sopravvivere è necessario uccidere, distruggere e difendersi dal subire questi processi naturali. L'esistenza è resistenza.

- In natura tutto cambia, niente è permanente. Se non scopriamo in noi ciò che è immutabile e ci ancoriamo ad esso, tutto quello che faremo nella nostra vita sarà per lo più inutile, illusorio e privo di reale valore.

- Quanto meno un uomo conosce se stesso, tanto più sarà in balia degli impulsi del proprio ego e tenderà inconsciamente ad usare gli altri per sostenere l'immagine che ha di sè.

- Le persone sono così smarrite al punto da seguire chiunque abbia l'apparenza di sapere quello che dice. Le convinzioni che inconsciamente abbiamo fatto nostre sono costruite su basi così instabili che basta pochissimo per destrutturarle e mandare nel caos la mente di chi le ospita. Un'assurdità detta con convinzione e tenacia fa breccia in chi non ha mai indagato o messo in dubbio ciò in cui crede.

- Il vero amore è rarissimo e nasce da uno stato di coscienza. Amiamo davvero solo quando mettiamo gli altri al primo posto, invece che noi stessi. Tutto il resto non è "amore", ma "desiderio" e "interesse".

- La gente vive in una prigione, e invece di pensare a come uscire pensa ad abbellire le sbarre.

- Quando iniziamo a Vedere che gran parte delle nostre certezze sono costruite sul nulla, il rischio di perdere il senno diventa reale. Il risveglio è scioccante per chi credeva troppo nel suo sogno.

- Tutto questo è sogno; solo gli addormentati lo considerano reale. Il sogno, in quanto tale, non permette di dubitare della sua realtà. Capiamo di aver vissuto nell'illusione solo al risveglio.

- La morte è lo spillo che scoppia la bolla di sogno in cui viviamo.

- Mi perdo nella notte, non so più chi sono

scompaio tra i fumi del destino

la mia immagine è informe, dissolta

gli occhi limitano la realtà

smarrirsi in un sogno?

appiattirsi nella folla?

la mia anima sa,

il mio cuore desidera

fumose realtà interconnesse

qualcosa muore.

"L'incontro con se stessi è una delle esperienze più sgradevoli alle quali si sfugge proiettando tutto ciò che è negativo sul mondo circostante. Chi è in condizione di vedere la propria ombra e di sopportarne la conoscenza ha già assolto una piccola parte del compito."
- C.G. Jung

"Non voltarti, continua a guardare la ferita. E da lì che la luce entra in te."
- Rumi

Albedo

"Il sonno ha velato e affievolito il tuo Fuoco radiante, il tuo Oro. Occorre che ti svegli e ti riconosci nel tuo splendore e nella tua immortalità. Il mondo lunare, per quanto allettante, ti conduce all'oblio e nelle false enfasi di eccitazione. Non sostituire al Sole sfolgorante il debole riflesso della luna. Occorre che tu separi l'Immortale dal mortale, il Reale dall'irreale."

- *Raphael, La Triplice Via del Fuoco*

Il secondo passo è purificarsi dalle scorie venute a galla nella prima operazione, colmare le lacune con ciò che fa vibrare e disseta l'anima: l'alchimista scopre dentro di sé la sorgente della vita, la fonte da cui l'acqua della vita scorre, donando giovinezza eterna.

- L'uomo è il costruttore inconsapevole di se stesso. Essendo la sua mente estremamente malleabile e plasmabile, egli è il risultato dell'amalgamarsi degli elementi che incontra al suo esterno (condizionamenti sociali) con quelli innati al suo interno. Conoscere se stessi significa divenire coscienti di questo processo e riassegnare il giusto valore ai propri "componenti".

- Ci sono pensieri che non puoi comprendere se non cambi la tua vita; ci sono cambiamenti che non puoi realizzare se non comprendi i tuoi pensieri.

- Occorre crearsi un'oasi interiore per sopportare il deserto del quotidiano senza lasciarsi inaridire.
- Più ci aggrappiamo al mondo esterno, al transitorio, più ne risentiamo quando questo si stravolge.
- Non si tratta di "essere liberi di", ma di "essere liberi da". La vera libertà è uno stato interiore. Non serve fuggire in una foresta, ma distruggere i condizionamenti che ingabbiano le nostre menti. Il resto verrà di conseguenza. Non si ricerca la libertà dell'io, ma dall'io.

- Va molto di moda dire che "la mente mente", ma questo gioco di parole vale solo in italiano. In inglese "mente" si dice "mind" che significa anche "ricordare" o "dare importanza". "Heart" (cuore) è invece la parola "earth" (terra, terreno) con l'H invertita. E in effetti il cuore è "viscerale", passionale, cieco. Quindi meglio seguire la mente che il cuore? No, come in tutto ci vuole equilibrio: nè troppa fredda razionalità, nè troppa focosa impulsività. Il cuore è come un bambino: senza la guida di una mente matura rischia di cacciarsi nei guai e di non arrivare all'età adulta. Una mente senza cuore vive di astrazioni, un cuore senza mente di passioni cieche. La mente è solo uno strumento; non va esclusa, va usata per il verso giusto. Un coltello può uccidere, come tagliare una corda che imprigiona. Avere una mente "aperta" non significa "non pensare", "non riflettere". Proprio il contrario. Significa non chiudersi in pregiudizi e conclusioni dogmatiche, perchè è proprio in quel caso che la mente "mentirebbe". C'è una bella differenza tra "avere una mente aperta" ed essere dei "de-menti". La natura della mente non è "mentire" ma "riflettere" quello che abbiamo immagazzinato al suo interno. La mente "mente" se siamo convinti che 2 + 2 faccia 5 o che buttandoci da un grattacelo possiamo scampare alla morte spiccando il volo. Ma in questo senso anche il cuore può "mentire". Se siamo convinti di essere dei "peccatori", o che se non ascoltiamo l'uomo con la tunica finiremo all'inferno, vivremo nella paura e nel senso di colpa, arrivando persino ad uccidere chi non prova i nostri stessi sentimenti religiosi. Le convinzioni errate (mente) generano emozioni deviate (cuore), per cui anche seguire il "proprio cuore" può essere ingannevole e pericoloso. Metaforicamente possiamo vedere il cuore come un cavallo e la mente come il suo cavaliere; se il cavaliere perde tempo ad analizzare tutte le possibili strade da percorrere, rischia di non arrivare mai a destinazione; ma se il cavallo non domato si imbizzarisce o si rifiuta di partire, perchè intimorito e deviato da un addestramento "malsano", non andremo ugualmente da nessuna parte.

- L'ego ("io" in latino) non va annientato, ma ridimensionato. É l'egocentrismo (vanitá, presunzione, ecc.) che va distrutto. L'io è indispensabile per la vita quotidiana, ma nessun "io" è al centro dell'universo.

- La percezione crea la realtà; la mente la distorce con i suoi preconcetti.

- La vita di un senzatetto ha lo stesso valore intrinseco di quella di un premio Nobel. Non esiste università che dia le risposte esistenziali ai quesiti fondamentali della vita. L'indottrinamento scolastico mira al funzionale, al "come" fare le cose, non al "perché". I "perché", non devono essere indagati, il mondo non deve essere messo in discussione.

- Se domini la mente, percepisci l'anima.

- La realtà è una e uguale per tutti, ciò che percepiamo individualmente è ciò su cui è focalizzato il nostro pensiero. Se ci fissiamo su un particolare dimenticandoci del resto, il quadro generale finirà per sfuggirci, ma è anche vero che il disegno completo è fuori dalla portata delle nostre menti. Non possiamo trovare la realtà utilizzando lo stesso strumento che ci separa da essa; ciò che possiamo fare è cercare di riconoscere, intuendola, l'essenza immutabile che si cela sotto ogni prospettiva.

- Le nuvole non oscurano mai davvero la luce del sole ma solo la visuale di colui che la percepisce.

- Bianco e nero, positivo e negativo sono contemporaneamente in tutti gli avvenimenti che viviamo, ma di solito ci identifichiamo solamente con una polarità o l'altra, vivendo gli eventi solo a metà. Ma non c'è disgrazia che non insegni qualcosa di buono, come non c'è evento felice che non nasconda sofferenza. Quando con distacco riusciamo a vedere i due opposti dall'esterno raggiungiamo la vera consapevolezza, la "coscienza oggettiva". Fissare questa visione in sè in modo costante è la via verso l'illuminazione.

- La razionalità tende a riportare tutte le informazioni che si ricevono al conosciuto/logico. La Verità si scopre attraverso l'intuito, è l'anima che la riconosce.

- Il dramma dell'uomo è che crede più in ciò che "vede" che in quello che "sente". Il pensare divide, il sentire unisce. - Senza verità non c'è rapporto. Meno verità le persone incarnano, meno benefica è la loro presenza.

- Quella umana è l'unica specie che sa di dover morire, l'unica che ha coscienza di sè e del mondo che la circonda. Gli animali non possono "uscire" dai propri istinti, ma l'uomo può scegliere se seguirli ciecamente o frenarli per seguire fini più nobili, che esulano dal proprio egoismo e dalla sopravvivenza personale. Se il mondo è nel caos e nella violenza è solo perchè, invece di usare la ragione per scopi elevati, l'uomo la utilizza per appagare i propri istinti animali, pensando solo ad ingozzarsi, accoppiarsi e a conquistare territori a scapito dei più deboli. - Occorre fissare in modo permanente la sensazione della nostra impermanenza.

- A voler combattere l'ego è l'ego stesso che cerca di vincere se stesso aspettandosi "egoisticamente" ricompense "spirituali". L'ego si ridimensiona da sè quando ci riconosciamo in ciò che lo trascende.

- In sogno puoi anche essere ricco, bello e intelligente; ma se non sei consapevole di stare sognando, in realtà non esisti. Quando, il sogno diventa lucido, la coscienza (Dio) si trasferisce nel personaggio sognato e questo diventa uno col "creatore".

- Se non sei nel presente, stai vivendo per inerzia. - Conoscere noi stessi serve a "dissolvere" gli schemi limitanti acquisiti e a "coagulare" qualcosa di reale al loro posto.

- Scava dove fa più male;

per creare l'antidoto hai bisogno del veleno.

La caverna in cui hai paura di entrare

contiene il tesoro che stai cercando.

Tutto ciò che può minacciarti è irreale;

anche se il tuo ego protesta,

sei perfettamente dove dovresti essere.

- Se fossimo presenti a noi stessi non servirebbero nè libri nè maestri; sarebbe la vita stessa a svelarci i suoi segreti, a mostrarci la Via. Ma vivendo immersi nei nostri sogni perdiamo continuamente le sue lezioni.

- Non è un Dio a volere che la gente soffra; la gente soffre perché preferisce attaccarsi alle proprie illusioni piuttosto che ricercare Dio, il reale. La sofferenza serve a far capire che si sta sbagliando qualcosa, sta alle persone ricercarne le vere cause. La maggioranza cerca l'oblio dell'anima per non soffrire, sono pochi quelli che sfruttano ogni occasione per sentire la sua voce. - Devi trasformare i tuoi demoni in alleati, ma per farlo devi prima riconoscere che sei stato tu stesso a crearli. Sei identificato col tuo più grande nemico, illuminalo ed esso si dissolverà come un vampiro alla luce del sole. Quando sconfiggi i tuoi mostri interiori, anche quelli esterni smettono di spaventarti. Tu stesso hai creato le tue catene, tu solo possiedi la chiave dei loro lucchetti.

- Finchè siamo identificati con l'ego, con la nostra "maschera sociale", con il ruolo che recitiamo nel mondo, siamo oggettivamente schiavi di un'illusione, di un'immagine fittizia. "Liberarsi" significa comprendere la nostra vera natura e smetterla di scambiarci per il nostro "abito". L'abito poi non sarà più fonte di paure o desideri inutili, non sarà più al centro della nostra vita, ma diventerà funzionale ai bisogni di chi lo indossa.

- Percepiamo come sofferenza ogni passo verso l'alto. Con l'aumentare della luce della coscienza, l'ombra dei nostri difetti si fà più cupa e spesso ci precipita nello sconforto. Ma visti dall'esterno questi sono momenti preziosi. Se riuscissimo a riconoscerli, a non lasciarci sopraffare da essi, a guardarli in faccia senza cercare vie di fuga, potremmo sfruttarli a nostro vantaggio. L'ombra non è un difetto. A creare l'ombra è la luce della coscienza che si imbatte in un aggregato che ne impedisce il passaggio.

- La personalità dev'essere al servizio dell'essenza e non il contrario.
- Siamo contemporaneamente molto di più e molto di meno di ciò che pensiamo di essere.

- La nostra realtà di "veglia" è molto simile al sogno. Tutto ciò che ci circonda, pur sembrandoci reale, non esiste intrinsecamente in sè, ma nasce e dipende da cause "occulte". Studiando gli atomi, i cosiddetti "mattoni della materia", scopriamo che sono composti in maggior parte da "vuoto". Tutto ciò che analizziamo in profondità finisce per sparire e lasciarci con niente in mano. Solo il "sognatore" è reale, ma più lo cerchiamo nel sogno più ci allontaniamo da lui; al contrario, più escludiamo le illusioni del sogno dalla nostra ricerca più ci avviciniamo alla realtà, fino a poter intuire la coscienza del sognatore che crea e guida ogni cosa. Più ci identifichiamo con il nostro personaggio fittizio (ego) più soffriamo; più ci liberiamo dall'illusione e dall'attaccamento, più affrontiamo la vita con serenità e pace interiore.

- Tutto ciò che nasce e muore è in realtà "già morto": un gioco di "Maya". L'unico modo per "non morire" è scoprire in noi "ciò che è eterno" e "cristallizzare" in esso la nostra coscienza; disidentificarci dal perituro e riconoscerci nell'eterno. Il Lavoro esoterico è tutto qui. Quel "nulla" in cui l'ego ha paura di dissolversi è in realtà "pieno" di potenzialità infinite. Gli opposti si fondono. La salita è anche discesa, tutto dipende dal punto di vista dell'osservatore. La realtà è un tutt'Uno, sono le nostre menti egoiche a separarci dalla totalità ("diavolo" significa "divisore") e a sezionarla in concetti duali: "Quando di due farete uno entrerete nel Regno".

- Il "Cristo" è la Verità derisa, calpestata e crocifissa dal mondo e dalla sua ignoranza spirituale. La Verità dello Spirito, contro l'illusione generata dai sensi e dell'identificazione con la materia ed il transitorio.

- Ci siamo distaccati da una condizione originaria di unità diventando entità individuali, ma questa unità primordiale ci richiama continuamente: "Ricordati di me, non perderti nel caos sensoriale, niente può appagarti quanto la mia presenza!" - Studio e meditazione rendono lo Spirito manifesto; lo studio è uno degli occhi per percepirlo, la meditazione è l'altro.

- Solo la Verità è da amare, non il mondo. Il mondo va preso per quello che è, un miscuglio di realtà ed illusioni che generiamo noi stessi. - La Realtà è sempre presente, resta sempre sullo sfondo della vita; siamo noi a distrarci e a perderci nei nostri sogni. - Percepiamo il divino quando facciamo il bene disinteressato, riconoscendo in tutti gli esseri le nostre stesse sofferenze ed i nostri stessi bisogni. - Più ci aggrappiamo all'ego più facciamo soffrire la nostra vera essenza e quella degli altri. - Possano le mie azioni non scaturire più dalla superficie ma dalla profondità.

- Chiediti se sei tu ad avere l'io o se è l'io ad avere te.

- "Quando ti spogli di ciò che sei, diventi ciò che potresti essere". Il "solve" alchemico, il "neti-neti", indù, la "morte iniziatica" che precede la "resurrezione" dell'adepto. L'errore che facciamo spesso è quello di pretendere di dare dei giudizi oggettivi sul mondo che ci circonda sulla base della nostra percezione limitata e della nostra consapevolezza del momento. È sempre questo errore percettivo a farci credere più importanti di quello che siamo, a farci sentire al centro dell'universo e a creare quell'illusione (maya) che costituisce le fondamenta del mondo in cui viviamo, in cui ognuno rincorre letteralmente dei "sogni" che non sono neanche suoi, essendo ogni "individuo" un agglomerato di condizionamenti esterni.

- Condividiamo con gli animali le necessità biologiche che ci fanno rincorrere cibo, sesso, e cercare un rifugio, ma cos'è che ci spinge all'astrazione e a fare discorsi "elevati"? Se non ci fosse un "centro del gomitolo" il filo dei nostri condizionamenti non potrebbe avvolgersi. Quel centro è la coscienza; così intangibile da sembrarci vuota, indescrivibile, priva di caratteristiche, onnipervadente, qualcosa che ospitiamo e di cui siamo gli strumenti, il cui "centro è ovunque e la circonferenza in nessun luogo". Nella Grande Opera il "Solve" è solo l'inizio a cui poi deve seguire il "Coagula"; ed è questa "coscienza impersonale", "volatile", a dover essere coagulata o "fissata", e che può renderci potenzialmente "immortali" se riuscissimo a fonderci in essa.

- La liberazione interiore è l'unica cosa per cui valga la pena morire e l'unica per cui valga la pena vivere. - Solamente dall'interno è possibile vincere i condizionamenti esterni che imprigionano la nostra vera essenza. - La nostra libertà è inversamente proporzionale alla nostra paura.

- Più profonde sono le radici, meno il vento spaventa. - La mente mette i limiti, il cuore li spezza.

- L'unica parte reale e consistente in noi è quella che riconosce che nulla in noi è davvero reale e consistente.

- L'illusione vortica instancabile attorno all'essenza,

nel vento turbinante si riflettono i nostri infiniti volti,

paura e disperazione alimentano la sua furia accecante,

divorando ogni certezza, dispensa caos e distruzione;

Volgi lo sguardo al cielo e ritroverai la via perduta,

Vivi nell'occhio del ciclone e la morte non potrà toccarti.

*"L'uomo ridiventa naturale solo quando riconosce se stesso,
comincia a vivere solo quando nasce il suo Sè."*

- Franz Hartmann, Diario di un Rosacroce

*"Ciascuno di noi è chiamato a diventare uno spirito libero, così come
ogni seme di rosa è chiamato a diventare una rosa."*

- Rudolf Steiner

Rubedo

"Colui che vede in se stesso tutte le cose, è al tempo stesso tutte le cose."

- Giordano Bruno

Infine la Fenice risorge dalle sue ceneri. Quando tutto in noi è stato purificato e appare la Luce, dobbiamo saldarla, fissarla, renderla durevole in modo che rimanga sempre presente. Una volta scoperta la Luce, essa deve essere resa l'unica realtà nella nostra coscienza.

- Se mi guardo intorno vedo aridi cadaveri ambulanti, automi incoscienti che si trascinano qua e là in un mondo senz'anima. Vedo le sbarre delle loro prigioni mentali, le loro paure illusorie, le loro sicurezze costruite sul nulla. Vedo la loro incapacità di fermarsi a riflettere per il terrore di essere ripudiati dal branco. Se riesco a vederlo è soltanto perchè anch'io ero uno di loro. Ciò che ho risvegliato in me è una fonte di vita eterna, che bagnando le coste della mia anima, feconda e vivifica l'oasi del mio essere. Marciando controcorrente scopro che agli occhi degli altri, ora, anch'io appaio come un inutile zombie senza scopo. Divertente paradosso divino. Chi si oppone alla corrente viene respinto e contrastato dai corpi galleggianti di chi si lascia trasportare dal fiume della vita. Ma che senso avrebbe vivere senza poter decidere che direzione prendere? Tentare di risalire la corrente è difficile, spesso rischioso; ma è anche l'unico modo per capire se si è davvero vivi e non soltanto un sogno di un Dio addormentato. - Più ci si eleva e più si è soli, ma sulle cime delle montagne ogni viandante che incontri è un fratello; in città la moltitudine non ha cuore nè nome.

- La "pietra di scarto" degli alchimisti è la nostra anima, la nostra "scintilla divina", che il mondo ci spinge ad abbandonare cercando di convincerci che seguirla sia inutile o infantile. Chi la lascia spegnere, non ha più "oro per fare oro", chi invece riesce a proteggerla, a riconoscerla come tale e ad alimentarla, può farla divampare fino ad incenerire il "Velo di Maya". Non permettere al mondo di soffocare la tua scintilla.

- Saggi, filosofi e maestri spirituali non sono che gradini della scala che conduce in alto; sarebbe un errore restarsene aggrappati ad essi in adorazione, la loro funzione è solo quella di sostenerci nella nostra scalata verso la vetta. Arrivati in cima, per la prima volta potremo osservare il panorama con i nostri stessi occhi e farci una vera idea su ciò che ci circonda... e magari scoprire terre ancora inesplorate, sfuggite alla vista di chi ci ha preceduto.

- Siamo l'Eterno nel temporaneo. Più ci identifichiamo col transitorio, più ci allontaniamo dalla nostra vera essenza. La nostra natura divina è limitata solo dal nostro corpo animale, dai suoi istinti e dalla mente in cui si riflettono.
- Non siamo che microscopiche cellule di un organismo inconcepibile, infinito ed in eterna evoluzione.

- Quando capisci che niente ha davvero importanza, tutto diventa importante.

- Dio è il grande Alchimista dell'universo e noi i metalli grezzi da trasmutare in oro nella sua Grande Opera.

- Siamo scintille divine cadute nel fango: più ci identifichiamo con esso, più soffriamo; più riusciamo a ripulirci, più ci liberiamo.

- Quel frammento di verità che ho scoperto in me è ciò che mi impedisce di godere appieno dei piaceri temporanei della vita, ma è anche quello che mi dà sostegno e sicurezza quando tutto sembra crollarmi addosso. - Siamo frammenti di Dio ricoperti di carne. L'io è la barriera che separa l'infinito "dentro" dall'infinito "fuori".

- Chi sa di Essere non spreca il suo tempo cercando di apparire. - Siamo gli occhi con cui l'Universo si guarda e si riconosce divino. -

La parola "amore" deriva dal latino "a-mors" = "senza morte". Il vero amore è guardarsi negli occhi e sentire che la morte non esiste.

- La ricerca di "Dio", non è altro che la nostalgia che abbiamo della nostra più profonda essenza.

- Quando sogniamo siamo in un mondo irreale perchè ciò che accade al suo interno è soggettivo e non è la realtà ultima, ma al tempo stesso quel mondo è "reale" in quanto tutto ciò che è in esso è creato dal nostro inconscio. Il "sognante" è nel sogno, e noi siamo sue espressioni inconsapevoli che si manifestano temporaneamente prima di dissolversi e ritornare nella sua coscienza. La coscienza del sognato è una frazione inconscia di quella del sognatore. I mistici e gli illuminati di tutti i tempi hanno compreso questa verità, trasformando la loro vita in un "sogno lucido", e vivendo con la consapevolezza della vacuità di tutte le cose. Solo se ci "svegliamo" all'interno del sogno e riconosciamo la duplice natura del mondo in cui siamo immersi (reale per la sua essenza, irreale per come ci si presenta) capiamo che niente "muore" veramente e niente "vive" veramente: tutto semplicemente "è".

- Dio è come un padre che gioca uno scherzo al figlio: solo quando questo se ne accorge la sua preoccupazione illusoria svanisce, ed entrambi possono riderne insieme.

- Quando lasci cadere tutto, il Tutto affiora.

- Ognuno di noi è un frammento dello specchio divino grazie a cui Dio si conosce; ciascuno di noi Lo riflette dalla propria personale angolazione.

- Siamo essenze senza tempo, anime ondivaghe tra sogno e realtà. Manifestazioni temporanee dello stesso e unico principio eterno.

- Non si raggiunge il divino con schemi o percorsi. Dio è sotto tutti gli schemi.

- Come la Luce dissipa le tenebre
la Verità distrugge l'illusione.
Il mondo, inerte, si ricopre di specchi;
La mente è la spada che squarcia il velo
il cuore, la coppa che raccoglie l'Eterno.

- A tutti appartieni
in pochi ti conoscono;
Sorgi dai frammenti dell'Io
come un Fuoco senza volto;
Smaterializzi il tempo
Dissolvi l'illusione;
Aleggiando invisibile sul mondo
dipingi l'insensato di Realtà.

- Svuotandomi mi hai riempito,
non sono più io a soffrire per ciò che accade;
ora assisto alla recita del mondo
comodamente seduto nel teatro della vita.
In segreto continuamente mi disseti;
ti vedo e ti percepisco ovunque,
non c'è niente che non ti appartenga,
nulla importa all'infuori di te.
Mi hai rapito dall'illusione
spietata, rimuovi ogni velo;
l'effimero si sgretola davanti al tuo sguardo,
il tuo respiro spazza via la polverosa menzogna.
I miei demoni, affamati ed irrequieti,
spingono per uscire dalle prigioni della mia anima;
Grazie a te li ho riconosciuti ed incatenati:
hai trasformato la loro fame nella mia fonte d'energia.

- Quando il sole della coscienza sorge,
le costellazioni dei pensieri svaniscono.
Presenza immortale rivestita di sogni;
Fuori, la ciclica e bruciante disillusione,
Dentro, l'insondabile ed eterna certezza.
Conchiglia divina nel mare della follia;
Fuori, le distruttive stagioni dell'ego,
Dentro, l'immutabile calma dell'infinito.

- Placa il mare in tempesta della mente
Infrangi le onde dei pensieri
 contro lo scoglio della Volontà
Lascia che il sole della coscienza,
 penetrando nelle acque limpide dell'essere,
illumini il diamante che giace nel profondo.

- Nessuna rotta da seguire,
tutte le mappe sono ingannevoli;
Ogni indicazione è provvisoria.
Le stelle rischiarano la via;
getta l'ancora nell'infinito
e tuffati nell'essenza.

- Cerca l'immutabile nell'eterna impermanenza,
l'Anima si disseta soltanto alla fonte.
Dio è manifesto nell'immanifesto;
Il seme della coscienza,
la morte del tempo,
l'inconsistenza del Tutto;
Manifestazione infinita dell'unica Realtà.
Intrappolati in prigioni senza sbarre,
inebriati dall'aroma dello Spirito,
spezzeremo le catene dell'illusione.
Libero di volare oltre la coltre dei pregiudizi,
l'Eterno si rivela in silenzio.
 Svuotandoci ci riempiamo,
spegnendoci ci accendiamo.
Scintilla divina,
il Tutto nel nulla.
Paradosso cosmico della Totalità infinita.

"Io non sono di nessuna epoca e di nessun luogo: al di fuori del tempo e dello spazio, il mio essere spirituale vive la sua eterna esistenza."

- Cagliostro

Pensieri su Esoterismo ed Occultismo

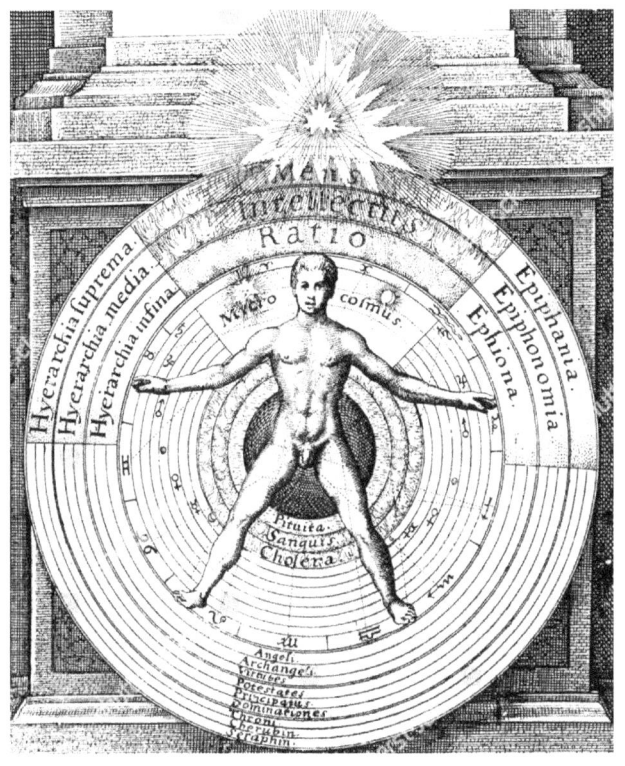

"L'esoterismo cerca di ridare all'uomo la sua sacralità, di risvegliare quanto di "sacro" in lui c'è ancora, in modo che realmente possa riconoscersi "figlio di Dio". L'anima, caduta nell'oblio di sè, deve risvegliarsi; "consapevolezza di sè", significa "ricordarsi" di ciò che realmente si è. Ripulendo la coscienza, appannata dalle scorie della sua "caduta", l'uomo vuole ricongiungersi con la sua radice divina. Dovremo allora riprendere la nostra vera natura, risolvendo quella seconda natura artificiosa ed illusoria che ci siamo creati e che ci ha fatto disconoscere la nostra origine divina."

- Ernesto Laudicina, Il Segreto della Massoneria

- La parola "esoterico" deriva dal greco "esoteros", "interiore". Gli studi esoterici sono quindi dedicati alla natura interna dell'uomo e riguardano pratiche che portano, attraverso l'introspezione, alla riscoperta di noi stessi, alla conoscenza della nostra "natura interna". "Esoterici", sono poi quegli insegnamenti a cui si accede tramite iniziazione. In questo caso l'"interiorità" è riferita al gruppo "interno" di iniziati, contrapposto al mondo profano o "essoterico" (esterno, pubblico).

- Nell'esplorazione della realtà, la scienza cerca le risposte "fuori", la mistica le cerca "dentro"; ma entrambe sono limitate dai sensi e dai limiti mentali umani. La scienza cerca di sfruttare al massimo i sensi amplificandoli con microscopi e telescopi, affidandosi alla logica e agli esperimenti di laboratorio; al contrario, il mistico chiude gli occhi e volge i suoi sensi intuitivi verso l'interno, cercando di attingere alle verità primoridali attraverso la meditazione interiore. I due metodi d'indagine non vanno contrapposti, ma integrati. Sostenere l'uno e negare l'altro significa escludere o il mondo interiore ("esiste solo ciò che è misurabile e riproducibile") o il mondo esteriore ("tutto è illusione, il mondo è un sogno"). Le scienze esoteriche mirano a riconciliare gli opposti, cercando di porsi come "corpo calloso" tra i due emisferi cerebrali (razionale e intuitivo), mirando a scoprire e ad utilizzare le "leggi occulte" che operano "come in alto così in basso, come dentro così fuori". La scienza è in costante evoluzione e molte delle idee che abbiamo sul mondo che ci circonda non sono che "teorie scientifiche" nate grazie agli strumenti d'indagine disponibili al momento. Nulla va preso come "dogma" in cui credere ciecamente, dato che tutto può essere rimesso in discussione o smentito da nuove scoperte.

"Ai confini della logica finisce la scienza ma non la natura, che fiorisce anche là dove non è ancora arrivata nessuna teoria."

- C.G. Jung

- L'esoterismo, la magia, l'occultismo hanno a che fare con la psicologia, la metafisica e la percezione della realtà in cui siamo immersi. La nostra percezione del mondo cambia in base ai nostri stati interni: l'amore "colora" tutto di positivo, la rabbia rende tutto fastidioso, la paura tutto minaccioso, ecc. Come un evento esterno può cambiare il nostro stato interno, un cambiamento interno volontario può cambiare la nostra percezione del mondo esterno e farci scoprire aree inesplorate e letteralmente "occulte" della realtà. Ed è questo il fine del "mago", riuscire a sintonizzarsi consapevolmente nei campi percettivi che gli interessano, quello che Castaneda chiamerebbe "muovere coscientemente il Punto d'Unione". - L'esoterismo studia la realtà e i suoi principi occulti. L'occultismo applica la conoscenza esoterica per influire sulla realtà.

- Le diverse vie mistiche o esoteriche mirano ad un ampliamento di coscienza per ottenere una prospettiva più ampia della realtà e capire cosa davvero siamo e quali sono le nostre reali possibilità.

- Il punto fondamentale è la percezione. Esistono aree di cui non siamo consci e che la nostra percezione non esplora, anche se sono lì a disposizione. Se non ne siamo consapevoli è perchè non siamo stati educati ad usarle, non essendo funzionali al sistema sociale in cui viviamo. Per questo i nostri "sensi occulti" si sono atrofizzati. L'intuito o il "sesto senso" ci arriva da questi reami sconosciuti proprio quando la mente esce dai suoi schemi e dalle sue certezze, aprendosi a correnti ignote. Quando ci apriamo ad un nuovo livello di consapevolezza diventano a noi accessibili (o captabili) pensieri che prima ci erano esclusi. Gli sciamani, gli yogi, e gli occultisti non fanno altro che accedere a questi "piani" con metodi diversi, utilizzandoli per i loro fini.

- Se è vero che è impossibile farsi un quadro completo della realtà da soli, è anche vero che è folle fidarsi ciecamente di chi vorrebbe imporci il proprio quadro della situazione in modo dogmatico. La "realtà" dipende dai punti di vista e dalla percezione soggettiva dei fatti, ma il relativismo non cancella i fenomeni concreti e oggettivi. Alla Verità non si arriva con la sola ragione, ma anche grazie all'intuito.

- Il materialismo imperante nella società odierna, sostenuto dal razionalismo "positivista" che pretende di ridurre la totalità della realtà alla dimensione materiale e alla "luce della ragione" umana, ha creato una "barriera psichica" collettiva che ci isola dal mondo spirituale, rendendoci ormai quasi inaccessibili i regni superiori dell'essere, ma proteggendoci al contempo dai "regni inferi" dell'inconscio e dai suoi "demoni". Questa restrizione psichica, limita la possibilità di cambiare la nostra realtà individuale in base alla nostra "vera Volontà", rendendoci potenzialmente manipolabili da chi al contrario conosce a fondo la struttura occulta dell'essere umano, i suoi desideri e le sue paure più nascoste.

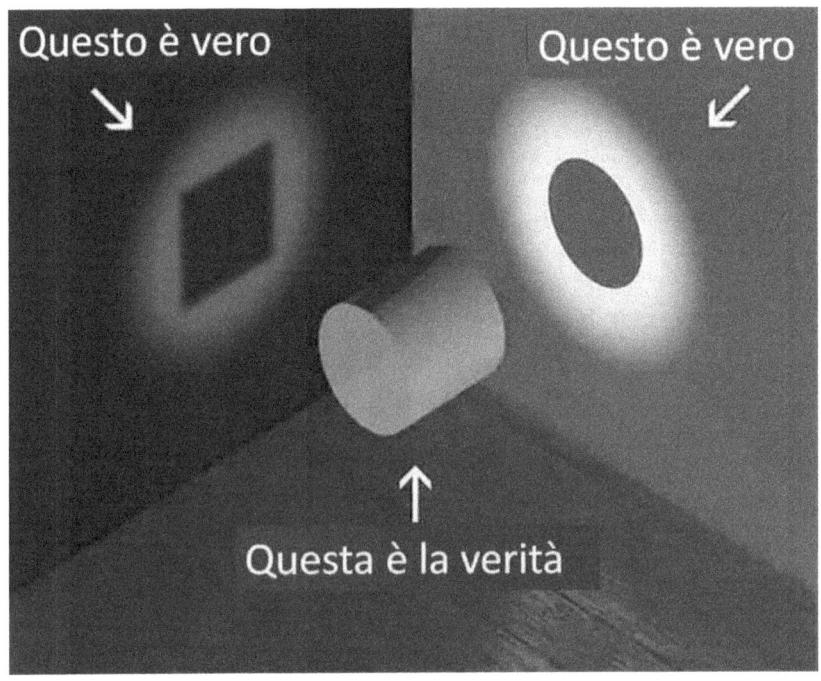

- La sapienza del mondo è conoscenza "scientifica", che ruota all'esterno ma che non tocca mai il centro in cui giace la vera saggezza.

"Il Mago si satura di Dio, si nutre di Dio, si inebria di Dio. Giorno per giorno la sua struttura mortale, liberandosi dagli elementi terreni, diviene in verità il Tempio dello Spirito Santo. Giorno per giorno la materia viene sostituita dallo Spirito, l'umano dal divino; alla fine il cambiamento sarà completato; Dio manifesto nella carne sarà il nome del Mago."

- Aleister Crowley, Magick

- Una delle chiavi fondamentali della magia è l'uso volontario e controllato dell'autosuggestione, atto ad alterare lo stato di coscienza del mago per permettergli di sintonizzarsi sulle "frequenze inconsce" che gli interessano. Il rituale magico permette alla "mente profonda" del mago di ristrutturare il proprio sistema di credenze e di accedere ad aree "occulte" di se stesso col fine di "evocare" e dominare ciò che non controlla o di "invocare" le qualità che desidera. Gli "strumenti magici" (spada, coppa, cerchio magico, ecc) sono rappresentazioni fisiche di qualità psichiche (volontà, comprensione, protezione, ecc); utilizzando questi strumenti in stato meditativo si agisce direttamente sulle rispettive aree della psiche, rendendo così possibili cambiamenti interni ed esterni in base alla propria volontà.

- Il ritualismo coinvolge soprattutto l'inconscio e serve a far emergere la parte spirituale tenuta a freno dalla mente razionale, bypassando i condizionamenti sociali. Durante un rituale la coscienza si muove al di fuori delle reti sinaptiche consolidate dall'abitudine. Nei Misteri antichi si ricorreva anche all'uso di droghe per "solvere" il guscio mentale che ci isola dalla nostra parte immortale, quelle che nell'Alchimia venivano chiamate "acque corrosive". La fluidità mentale non è così semplice da ottenere, soprattutto oggi che siamo immersi nel materialismo e nello scientismo più totale.

- Essendo la scissione "spirito/materia" puramente illusoria, gli effetti di un rituale non si limitano solo alla sfera psicologica dell'individuo. La psicosomatica dimostra come traumi o cambiamenti psichici profondi si ripercuotano spesso sul corpo fisico di chi li subisce. L'effetto placebo/nocebo, l'utilizzo dell'ipnosi come sostituto dell'anestesia nelle operazioni chirurgiche, o la capacità del fachiro di camminare sui carboni ardenti senza riportare ustioni, e al contrario, le ustioni riportate da soggetti messi in ipnosi e convinti che il contatto una semplice matita fosse in realtà quello con un tizzone ardente, ne sono chiari esempi.

- Le Eggregore sono "forme pensiero" collettive generate e alimentate dall'energia psichica di chi le produce (volontariamente o meno) e per questo influenzano psichicamente chi rientra nel loro raggio d'azione.

- È occultista/mago attivo chi ha il dono di saper manipolare le forze cosmiche; è medium/sensitivo passivo chi le incanala lasciandosi usare da esse.

- L'uso dei Tarocchi a scopo divinatorio crea un ponte tra conscio e inconscio. La psiche del mago è attivata dai simboli archetipici contenuti in essi. Nell'inconscio albergano le matrici e i sistemi di orientamento delle nostre decisioni, e sono essi che le carte riflettono nella nostra psiche. Riuscire a decodificarli può aiutarci a prevedere come ci comporteremo. Il cosiddetto "sesto senso" è il senso dell'inconscio.

- La "bassa magia" plasma la mente inconscia per fini di potere materiale, ma agisce sempre nel campo di "Maya", nel mondo illusorio e plasmabile in cui viviamo. L'"alta magia", invece, aiuta il mago a trascendere l'illusione e non ad "addobbarla" per viverci meglio. Lo aiuta a raggiungere ciò che sta dietro le apparenze, dietro alla natura mutevole di tutto ciò che lo circonda. Il mago non adora "paganamente" solstizi, equinozi o elementi naturali, ma usa le influenze naturali per trascendere l'incessante mutamento della natura e raggiungere la causa eterna che lo produce. Quando non mira ad elevare la nostra consapevolezza ma alla gratificazione dei nostri desideri terreni, la magia rischia solo di farci sprofondare ancor più nel regno di "Maya".

- Il "rituale evocatorio" è una tecnica per far emergere nella coscienza poteri impersonali che giacciono negli strati più profondi dell'inconscio. In ogni "apparizione" si attiva lo stesso processo per cui in sogno emergono in modo spontaneo immagini personificate o simboliche, illusoriamente individualizzate. Le "apparizioni" avvengono mediante una sorta di trance autoindotta e controllata, in cui il Mago entra nel regno di "sogno" (o "astrale") lucidamente, tentando di portare sotto il suo dominio determinati poteri psichici o forze naturali.

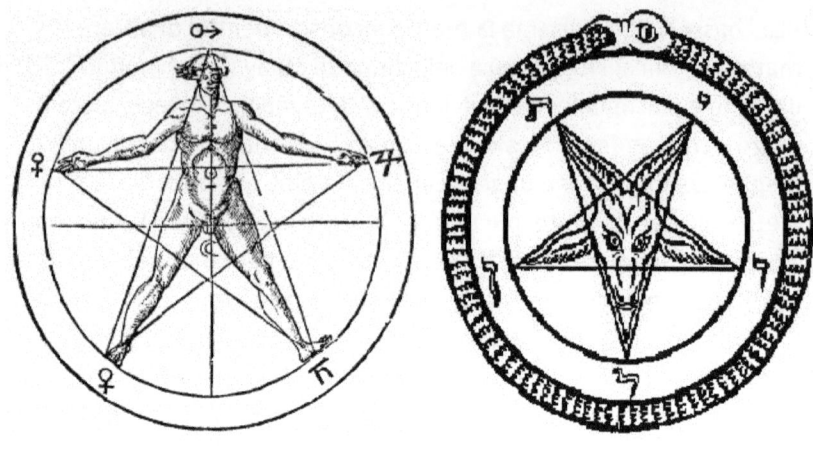

"Il Pentagramma o la Stella Fiammeggiante sono precisamente l'emblema dell'Uomo svincolato da tutto ciò che gli impedisce di essere unicamente e pienamente Uomo. Perchè la stella a cinque punte conservi questo significato, occorre che sia disegnata in modo che vi si possa inscrivere una figura umana in posizione normale, con la testa in alto. Rovesciata, assume un significato diametralmente opposto. In tal caso, non si tratta più del Pentafla luminoso o Stella dei Magi, emblema del genio umano e della libertà, bensì dell'astro oscurato degli istinti volgari, degli ardori lubrichi, dai quali sono soggiogati gli animali; perciò vi si ravvisa lo schema di una testa di capro."

- Oswald Wirth, Il Simbolismo Ermetico

- Il rituale magico è un mezzo di comunicazione tra conscio ed inconscio. Molti dei nostri problemi potrebbero risolversi se osservati da punti di vista diversi e più ampi. La ristrettezza del nostro campo percettivo va di pari passo con quella del nostro pensiero e quindi delle nostre reali possibilità e capacità. Quando comprendiamo che la realtà percepita è solo una delle tante possibili, ci apriamo a nuovi infiniti scenari. Smettiamo di dare importanza esclusivamente alla "realtà" su cui siamo abitualmente focalizzati (o "cristallizzati"), acquisendo nuove possibilità di scelta e di azione. Di fondo tutte le realtà soggettive si equivalgono, essendo l'unica vera e oggettiva quella che le ingloba tutte.

- La New Age del "Tutto è amore", "Tutto è perfetto così", non fa che rinchiudere le persone in un'altra "bolla percettiva", in un altro "credo anestetizzante". La natura non è solo "amore", ma anche violenza, sofferenza e morte. Gli animali sono costretti a sbranarsi l'un l'altro per sopravvivere; per loro vige la regola del "mangia o sii mangiato". Il profumo dei fiori non esiste per appagare il nostro olfatto, ma per attirare gli insetti impollinatori, quindi, "egoisticamente", per la sopravvivenza della specie. Proprio perchè facciamo parte del tutto, dovremmo capire che tutto in natura ha scopi "egoistici" e mira al proprio tornaconto personale, noi compresi. In questo senso la Via va "contronatura", contro un istinto naturale innato. Ai fini del lavoro esoterico è più utile cogliere il lato spietato della natura e non adagiarsi sul "profumo dei fiori"; queste sono proprio le fascinazioni di "Maya" a cui non dovremmo attaccarci. Parlare di "amore universale" rischia solo di farci addormentare di più. In termini di economia universale la nostra vita (come quella dei nostri cari), vale quanto quella di una zanzara che schiacciamo quando ci infastidisce. Per riuscire ad amare davvero bisogna prima imparare ad amare la propria nullità.

- In senso esoterico "Iniziato" è chi ha iniziato ad aprire gli occhi al Vero; "profano" è chi è all'oscuro della Realtà divina che è in lui e in ciò che lo circonda.

- Gli istinti violenti, aggressivi e spietati vanno riconosciuti; negarli all'esterno, significa negarli anche al nostro interno. Nascondere lo sporco sotto al tappeto non ce ne libera ma, al contrario, lo fa accumulare; e basterà un passo falso poi, per farci "inciampare" e far tornare alla luce tutto ciò che abbiamo nascosto. Non si sconfigge il "male" voltando la faccia dall'altra parte e rinchiudendosi in una bolla di "luce e amore", lo si fa riconoscendolo come tale e affrontandolo per quello che è. È questo il vero significato delle parole di Baudelaire: "La più grande astuzia del diavolo è farci credere che non esiste". E persino Crowley in Magick scrive: *"La pia finzione secondo la quale il male non esiste lo rende soltanto vago, enorme e minaccioso"*. La prima delle "nobili verità" del Buddhismo poi (tanto decantato dalla New Age) è proprio la "verità del dolore", ovvero che la sofferenza è insita in tutti gli esseri senzienti.

- Per vivere in armonia con noi stessi e col mondo che ci circonda, gli aspetti tremendi della natura non vanno ignorati, ma affrontati. La vera magia riguarda questo: portare alla luce le proprie "ombre", dominare i propri "demoni" interiori per riuscire a domare anche quelli esteriori. E la via è "conoscere se stessi". Di certo chi "evoca" i propri demoni deve rendersi conto di ciò che si appresta a fare e sapere che se non si è abbastanza forti il rischio di esserne "posseduti" è concreto.

"E se tu scruterai a lungo in un abisso, anche l'abisso scruterà dentro di te; chi lotta contro i mostri deve fare attenzione a non diventare lui stesso un mostro." (Nietzsche)

É questo che attira molti in percorsi più "zuccherati" e piacevoli; non cercano la verità, ma conforto. Ma se aprire gli occhi può essere inizialmente sgradevole e doloroso, alla fine conduce alla libertà. Le belle parole e le "coccole emotive" invece, aiutano solo a dormire meglio. I veri percorsi sapienziali sono percorsi di lavoro e di "sofferenza", esattamente quello che viene escluso dalla maggior parte delle pratiche New Age, per cui basta non pensare a niente, fare quattro canti, bruciare gli incensi per la stanza e tutto è risolto. Non esistono "guru" capaci di passare la loro "scienza infusa" con la semplice imposizione delle mani. Ci vuole fatica, che è esattamente quella che fa scappare la maggioranza delle persone, ci vuole tempo che è quello che le persone non hanno, e ci vogliono gli strumenti; e gli strumenti ce li abbiamo tutti, anche se molti sedicenti "maestri" cercano di far credere che alcuni ce li abbiano e altri no, e che a chi non li ha solo lui può darglieli.

- L'"illuminazione", o il "risveglio", accadono quando la coscienza individuale si riconosce in quella universale, bypassando l'ego/persona/maschera, attraverso determinate pratiche esoteriche/mistiche/spirituali. Non è la personalità/maschera ad illuminarsi o a risvegliarsi, ma la "scintilla divina caduta nel fango". La persona/maschera non ha una coscienza propria, è un semplice artefatto della coscienza individuale per interagire col mondo esterno. Il problema nasce quando la coscienza individuale si fonde con la maschera sociale credendosi ciò che non è, finendo per vivere esclusivamente in funzione di questa illusione temporanea. Questo è il vero "satanismo".

- In linea di massima tutte le dottrine esoteriche tradizionali descrivono la stessa realtà con linguaggi e simboli differenti.

- Le pratiche esoteriche mirano a raggiungere un particolare stato di consapevolezza e a fissarlo nella coscienza individuale.

- Per non perderci nelle correnti della vita abbiamo due vie:

1) Elevarci al di sopra delle acque come uccelli, osservando lo scorrere degli eventi con distacco; (la via del mistico, della mano destra)

2) Immergerci nei fondali come pesci, imparando a conoscere e a dominare gli abissi; (la via del mago, della mano sinistra)

Chi resta in superficie è come un corpo morto, in balia perenne delle onde.

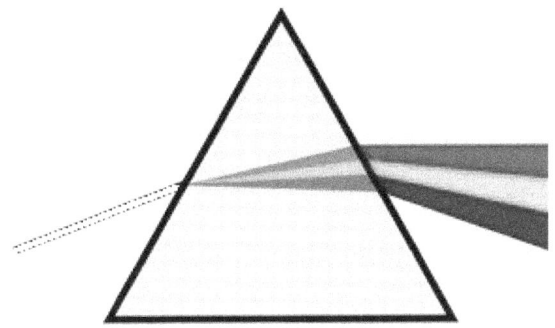

- Il lavoro esoterico consiste nel ripulire il "prisma" della personalità umana per tornare a riflettere la luce pura della Verità, non filtrata dai nostri preconcetti. Se ci identifichiamo con uno dei colori proiettati dimenticando la nostra vera essenza, ci allontaniamo dal Vero. La Via è disidentificarsi dai colori prodotti dalla rifrazione del prisma e "voltarsi" per cercare la Causa che li produce, la sorgente. La nostra vera essenza è il raggio di luce bianca, se non ne siamo consapevoli e ci leghiamo alle sue sfumature variopinte non potremo fare a meno di soffrire, perchè quest'ultime non sono che riflessi illusori e mutevoli, privi di una vera e propria realtà intrinseca. Riportare il nostro centro nella "luce bianca" invece, ci dà la libertà di rivestirci dei colori che preferiamo senza identificarci con essi e quindi senza sviluppare attaccamento nei loro confronti. Lo scopo del "conoscere se stessi", delle pratiche di "risveglio", dello Yoga e della meditazione, non è vivere più in armonia con la realtà distorta dal prisma, ma andare "oltre", tornare all'origine, alla propria vera essenza. La mistica e l'esoterismo mirano a tornare "luce pura"; "Dio" quindi è la "sorgente", l'"Assoluto" (in quanto il bianco contiene tutti i colori); "morire a se stessi" significa disidentificarsi dai colori "artificiali" e tornare all'"Uno", il raggio immutabile da cui tutti nascono.

- La luce, ostacolata dalla materia, genera l'ombra, l'oscurità.

- L'unica cosa che conta davvero è riuscire a stabilire una connessione permanente con la "fonte", il resto sono solo chiacchiere ed esibizionismo.

"Alcuni colgono i frutti dell'Albero della Conoscenza per farsene corona, invece di coglierli per mangiarli." - H.P. Blavatsky

- L'anima individuale deve elevarsi al di sopra della sua dimora carnale e sposare l'eterno Spirito universale; diventare uno con l'Assoluto, il Cristo con Dio, l'Atman col Brahman. La "Fissazione del Volatile", le "Nozze Alchemiche". - Quello che il razionalista fatica a comprendere è che lo sciamano, il mistico o l'occultista sono connessi ad un piano più profondo e veritiero della realtà, che sta sotto alla superficie fatta di sogni, convinzioni, mode e false sicurezze in cui veniamo allevati sin da bambini. Le loro parole perciò, non possono essere comprese da chi si limita a vegetare nel mondo materialistico in cui siamo immersi, un mondo che ci tiene nella costante insoddisfazione facendoci rincorrere oggetti o fantasie che se fossimo svegli non considereremmo nemmeno. Costantemente preoccupati di abbellire l'immagine che gli altri hanno di noi, passiamo la vita impegnati a perfezionare la nostra "bolla di sapone individuale", lasciandoci sfuggire il significato più vero e profondo dell'esistenza. Per percepire quel piano di realtà dobbiamo ampliare la nostra visuale, uscire dai nostri piccoli personaggi mondani ed abbracciare una visione più ampia; iniziare a pensare alle nostre vite come parte della vita in generale, del mondo e dell'universo, iniziando a Vedere con gli occhi dell'anima oltre che con quelli della carne. - L'esoterismo mira al "risveglio" e alla scoperta della "realtà dietro al velo". Una volta capito di essere sia i "sognati" che i "sognanti", gli occultisti mirano a modificare il sogno a loro piacimento accordando la loro volontà con la Volontà universale e cercando di manipolarla per i loro fini; esattamente com'è possibile modificare il proprio sogno durante un sogno lucido. Lo Yoga e la meditazione sono solo strumenti per escludere temporaneamente la coscienza del personaggio del sogno e ricollegarsi al sognatore. Il Tantra utilizza l'energia sessuale perchè è la più potente, la più intensa che il personaggio del sogno può provare; la stessa che lo tiene più "incatenato" al mondo illusorio.

"Il sesso è la nostra principale fonte di schiavitù ma anche la nostra principale possibilità di liberazione." - G.I. Gurdjieff

- Per "liberare" Kundalini occorre dissolvere coscientemente i blocchi psichici cristallizzati nei vari chakra che ne impediscono l'ascesa e il ricongiungimento con la fonte divina. - La vita esteriore non deve rovinare quella interiore; così come la vita interiore non deve rovinare quella esteriore.

- Noi pensiamo all'universo come a qualcosa che ci sovrasta, qualcosa di esterno a noi; ma noi stessi ne siamo parte, siamo una sua manifestazione. Ci siamo costantemente immersi, lo respiriamo, è dentro e fuori di noi; ne siamo testimoni/creatori in ogni singolo istante. Cambiando noi stessi quindi, cambiamo parte dell'universo, ed essendo tutte le cose collegate, creiamo una causa che avrà inevitabilmente il suo effetto.

- In magia attiriamo ciò che ci somiglia. Quando attraverso un rituale ci apriamo al "mondo occulto", attiriamo a noi le entità che risuonano con le nostre "frequenze psichiche". Prima di un rituale i "maghi bianchi" si purificano digiunando e praticando la castità, per attrarre energie spirituali elevate, non più succubi dei desideri della carne. Al contrario i "maghi neri", cercando di influire sul piano materiale per i propri desideri, svolgono rituali orgiastici, violenti e spesso "sanguinari", per assoggettare le forze violente e caotiche della natura.

- Andare contro se stessi, contenersi, ritenere, accumula energia, ma allo stesso tempo crea legame con la pulsione repressa. Assecondare le proprie pulsioni, ci svuota, ci fa perdere energia, ma allo stesso tempo annienta il legame con il desiderio.

- L'altro lato della magia. Se qualcosa viene dato, viene anche tolto altrove. Il "Karma", la legge di compensazione, vale anche su questo piano. Se riuscite a farvi amare da qualcuno contro l'ordine naturale delle cose, è molto probabile che qualcun'altro inizierà ad odiarvi; se vi arricchite su un fronte, molto probabilmente vi impoverirete su un altro. Anche in questo campo ad ogni azione corrisponde una reazione uguale e contraria. Se le condizioni attuali della nostra vita sono quelle che sono è perchè non potevano essere altrimenti, la nostra vita è il risultato di ciò che abbiamo fatto e di come abbiamo reagito a situazioni esterne. Cercare di eludere o modificare il risultato di tali azioni comporta inevitabilmente uno squilibrio nella realtà in cui viviamo e tale squilibrio in qualche modo deve essere corretto. Se io valgo 3 ma spingo la natura a farmi valere 5, la natura da qualche parte dovrà prendere quei 2 fattori mancanti, e non può che sottrarli altrove. "Nulla si crea, nulla si distrugge, tutto si trasforma", e non può che essere così, altrimenti si creerebbe un "vuoto" ed è noto che "la natura rifugge il vuoto". La materia è solo Spirito condensato ed è quindi inevitabile che le leggi fisiche che valgono per essa, valgano anche per ciò che la anima.

- L'universo ha come regola l'equilibrio. Se qualcosa lo turba, la forza della Legge Divina la riporta al suo posto, con le buone o con le cattive. Non esiste un "Karma individuale", esiste una posizione squilibrata dell'individuo rispetto alla Legge Divina che lo pone nella condizione di essere ripreso e reindirizzato verso una posizione non squilibrante. L'azione squilibrante è generata dalla mente separativa, dualistica, dall'ignoranza primordiale, dall'attaccamento agli oggetti di desiderio o dall'avversione verso le esperienze che non desideriamo. Se questa mente non entra in azione il Karma non esiste, esiste solo come legge d'equilibrio.

- L'unico scopo sensato in questa dimensione è riuscire a percepire la realtà "oltre il velo" per cercare di diffondere la sua luce nel caos del mondo. - Lo Spirito è il Logos, Dio; l'Anima fa da tramite tra lo Spirito e la materia; "vendere l'anima al diavolo" significa tagliare il collegamento con il Logos divino e dedicare la vita all'appagamento degli istinti carnali. Un "demone" può possedere solo un "tempio vuoto". Fino a quando non realizziamo il Sé, chi più, chi meno, siamo tutti "demoni".

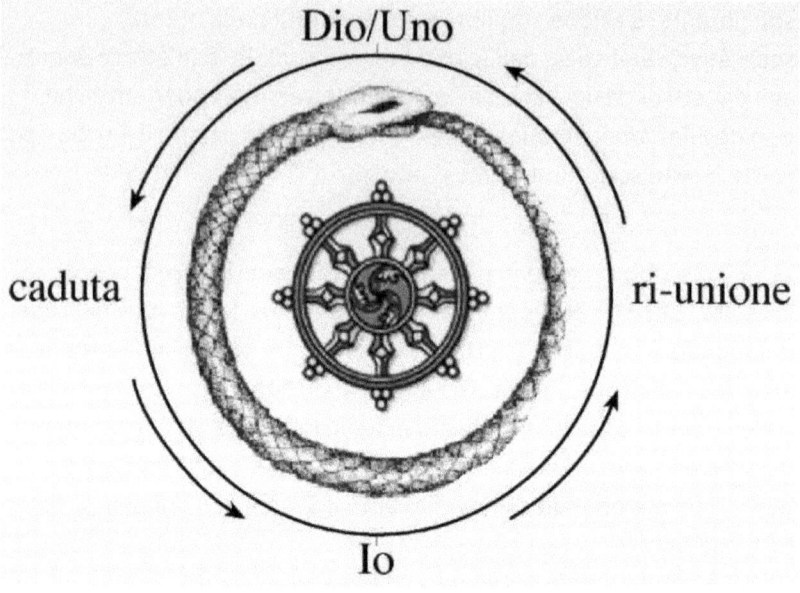

Dio/Uno

caduta

ri-unione

Io

"*L'intera umanità è un'emanazione della divinità sul sentiero del ritorno alla sua origine; il destino finale dell'uomo non è un cielo in cui Dio governa, ma la graduale trasformazione della materia nel suo elemento primordiale, lo Spirito.*"

- H.P. Blavatsky

"*Noi non siamo esseri umani che vivono un'esperienza spirituale. Noi siamo esseri spirituali che vivono un'esperienza umana.*"

- Pierre Teilhard De Chardin

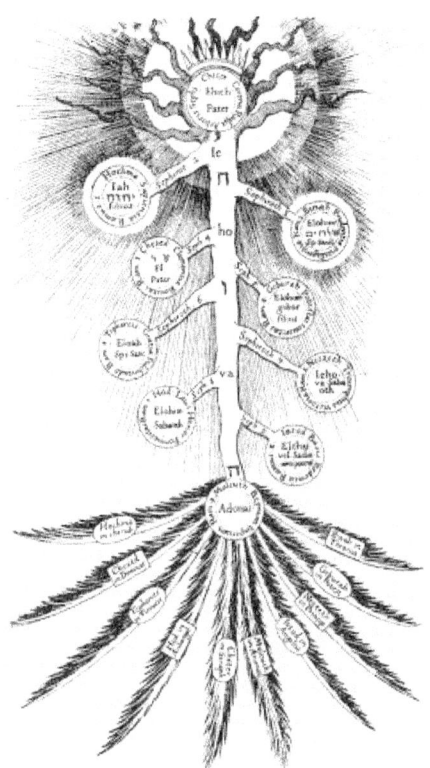

"*Conoscere l'Essenza Divina è la destinazione spirituale della nostra anima, che è stata mandata sulla Terra dal Creatore dell'Universo.*"

- Pitagora

"*Quando l'anima avrà compreso tutto ciò che può comprendere e si congiungerà con l'anima superiore (lo Spirito), si spoglierà dei suoi abiti terreni e si congiungerà con l'essenza di Dio.*"

- Pico Della Mirandola

"Questo è il modo di essere di coloro che hanno ricevuto qualcosa dall'alto, dalla sconfinata grandezza: sono protesi verso l'unico, il perfetto, che è là per loro; non discendono nell'Amenti; sono esenti da gelosia, da sospiri, da morte: si riposano in colui che è in riposo; non hanno tormenti, nè sono impegnati nella ricerca della verità: essi stessi sono la verità; il Padre è in loro ed essi sono nel Padre, poichè sono indivisibili da questo essere veramente buono; non soffrono alcuna privazione, ma si riposano rinfrescati nello Spirito. Presteranno attenzione alla loro radice, e la loro anima non soffrirà danno alcuno. Poichè ciò che non ha radice non ha frutto, ma ha avuto l'esistenza solo per essere nuovamente distrutto."

- Vangelo Gnostico della Verità

"La sola iniziazione cui ardentemente aspiro e che cerco con tutta la fiamma dell'animo mio è quella che ci permette di entrare nel cuore di Dio e di far entrare il cuore di Dio in noi. Non esistono liturgie sacre recondite per conquistare questo fine; l'unico sistema è di penetrare sempre più profondamente negli abissi del nostro essere, fino a localizzarne la radice viva e vivificante, e ricondurla alla luce."

- Louis Claude de Saint-Martin

"Tu provieni da un mondo divino e puoi ritornarci, se vuoi. C'è in te qualcosa di effimero e qualcosa di eterno. Serviti del primo per sviluppare il secondo."

- Edouard Schurè, L'Evoluzione Divina

Appendice 1
Dalla Teoria alla Pratica

Quelli che seguono sono alcuni concetti ed esercizi "base" di cui ho constatato personalmente il valore e l'efficacia. Se seguiti con dedizione e costanza, possono portare a spezzare il circolo vizioso dei pensieri incontrollati che ci isolano dalla nostra reale essenza e farci finalmente vedere il mondo al di fuori dei nostri condizionamenti. Mi auguro che siano utili al lettore quanto lo sono stati per me.

Auto-osservazione e Ricordo di Sè

"Conoscere se stessi è l'inizio di ogni saggezza." - Aristotele

"L' idea principale dell'esoterismo è che esiste un livello superiore di consapevolezza possibile per l'uomo, e che egli lo può raggiungere solo se sì libera dalle molte cose inutili che complicano la sua vita e lo tengono in uno stato di "sonno". Un uomo deve non solo conoscere ed osservare, ma deve soprattutto "ricordare se stesso". Solo in quello stato di consapevolezza chiamato "Ricordo di Sé" è davvero presente, e solo così le influenze superiori possono raggiungerlo e agire sul suo Essere.

Si può pensare al Ricordo di Sé come a una forma di elevazione al di sopra il frastuono delle cose che si hanno dentro noi stessi. Quando siamo identificati con i nostri pensieri e sentimenti, le nostre emozioni e sensazioni, le nostre offese, i nostri monologhi interiori, le nostre auto-giustificazione, il nostro fare i conti con qualcuno, ci è

impossibile ricordarci di noi stessi. Il lavoro esoterico mira a portare
luce negli angoli più bui del nostro essere, a far diventare l'uomo più
cosciente dei suoi processi psichici automatici.

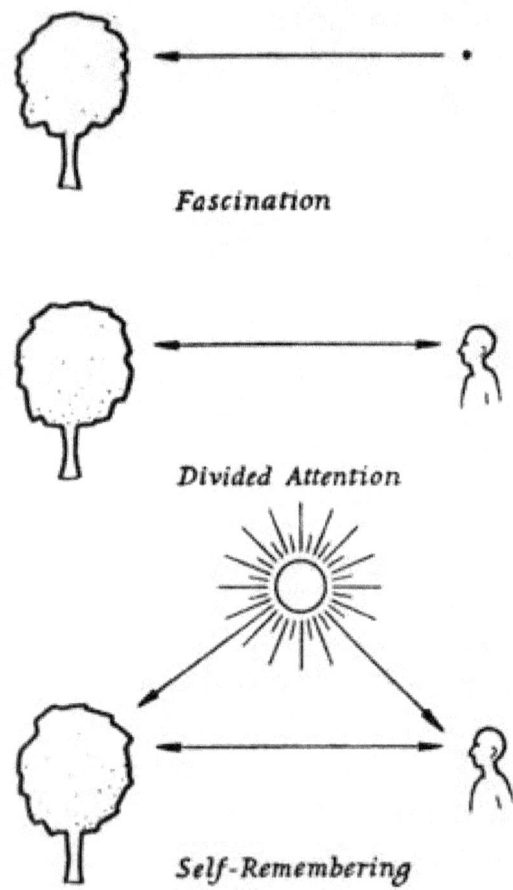

Fascination

Divided Attention

Self-Remembering

Riuscite a fermare il fracasso in voi stessi anche per un solo istante? Potete uscire fuori dall'ordinario sentimento di voi stessi? Potete giungere ad essere nulla per voi stessi, per un istante? O, al contrario, potete sentire l'intensa realtà di voi stessi? Tutte queste cose sono differenti modi per ricordarsi di sé. A volte il solo guardare il cielo stellato può produrre un momentaneo stato di ricordo di sé, facendoci uscire dai nostri sentimenti personali. Se sentite la meraviglia della vostra esistenza, se sentite il miracolo del vostro corpo, della vostra consapevolezza, del mondo che vi circonda, se cominciate a chiedervi chi siete, allora entrerete nello stato necessario per il "Ricordo di sé". Ma se siete completamente identificati con voi stessi, e prendete ogni cosa per scontata, non vi troverete nello stato necessario. A meno che voi non riusciate a guardare la vita in modo diverso, non potrete ricordarvi di voi stessi.

È soltanto per mezzo di un sentimento di qualcosa di più alto che potrete separarvi da qualcosa di più basso. Ma un innalzamento di se stessi sopra di se stessi è impossibile se uno non sa per certo che esistono in noi stessi stati migliori o peggiori. Non è questione di credere teoricamente che c'è qualcosa di più alto, ma della vera percezione di questo qualcosa di più alto, in noi stessi. E dopo un certo tempo, quando avrete sperimentato ciò che questo significa, farete tutto ciò che potete per conservare a tutti i costi questo sentimento di qualcosa di più alto, di più vivo dentro di voi e comincerete ad odiare quei periodi nei quali siete completamente identificati con le cose esterne. La via è data dallo sforzo cosciente e dalla sofferenza volontaria. Lo sforzo cosciente è attenzione, presenza, ricordo di sé; la sofferenza volontaria è invece l'abbandono delle proprie certezze, delle proprie opinioni, della propria affermazione meccanica di se stessi, del desiderio di rassicurazione, del conforto intellettuale del proprio senso di sé con le sue pretese di importanza e di onniscienza. L'importante in questo lavoro è la lotta interiore. Senza di essa passerà il tempo e non vi sarà alcun cambiamento. L'osservazione di sé induce l'uomo a riconoscere la necessità di cambiare. Praticandola, egli si rende conto che il solo fatto di osservare sé stesso produce certi cambiamenti nei suoi processi interiori. Comincia a capire che l'osservazione di sé è per lui un mezzo per cambiare, uno strumento di risveglio. Osservando sé stesso, egli proietta in qualche modo un raggio di luce sui suoi processi interiori, che fino ad allora si erano effettuati in un'oscurità pressoché totale. E, sotto l'influenza di questa luce, tali processi cominciano a cambiare. Vi sono un gran numero di processi chimici che possono aver luogo soltanto in mancanza di luce. Esattamente nello stesso modo, un gran numero di processi psichici possono aver luogo soltanto nell'oscurità. Anche un barlume di coscienza è sufficiente a cambiare completamente il carattere dei processi abituali e rendere impossibile un gran numero di essi. I nostri processi psichici (la nostra alchimia interiore) hanno molti punti in comune con questi processi chimici nei quali la luce cambia il carattere del processo, e sono soggetti a leggi analoghe.

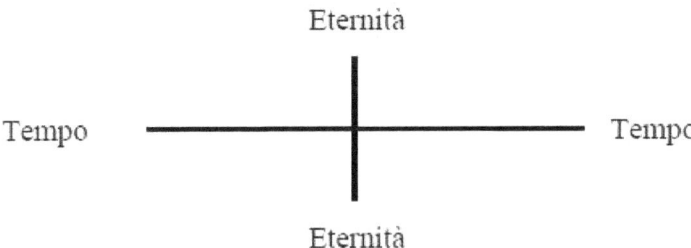

Eternità

Tempo ——————————— Tempo

Eternità

L'eternità è perpendicolare al tempo, e questa è la direzione del Ricordo di Sé, il sentire che ci siamo anche noi ora. Ogni momento è eterno. L'Uomo a volte è nel tempo e a volte nell'eternità. Per ricordarsi di se stesso deve immettersi il sentimento di ora, "io ora sono qui". E se la cosa ha successo si conoscerà da se stessi che l'Eternità sta sempre nel momento e può essere sperimentata come un sapore differente dal tempo. Non si parla più del momento presente registrato dai sensi, ma di ora, di questa esperienza interna che in realtà può dare il Ricordo di Sé. L'"Io" Reale sta nell'eternità, non nel tempo. Il Ricordo di Sé sta fuori dal tempo e dalla personalità. Solo un'altra forza proveniente da un'altra direzione può far sì che la personalità diventi passiva ed alimentare l'essenza, la parte eterna in noi. Allora si comincia a vedere che tutto l'insegnamento esoterico deve avere la qualità dell'eternità, e essendo così sviluppare l'essenza, che è eterna.

Lungo tutto il tempo, lungo tutte le epoche, l'insegnamento esoterico continua ad essere sempre lo stesso. Dice sempre le stesse cose. Insegna sempre le stesse cose. Sta al di sopra del tempo, è l'eternità nel tempo.

Il corpo vive nello spazio e nel tempo, soggetto alla materia, all'illusione e ai sensi. Lo spirito vive nell'eternità e nella verità. L'anima deve unirli insieme. Il momento presente è il punto di fuga dalla prigione tridimensionale dello Spazio e del tempo. Perchè in questo momento presente, "ricordando se stessi", ci si può mettere in contatto con un luogo fuori dal tempo, eterno. È lì ma bisogna prenderne coscienza, bisogna sentirlo, viverlo. La coscienza è la voce dello spirito che penetra attraverso l'anima verso il corpo, quando i tre stanno "vibrando" insieme. Il "ricordo di sè" fa si che corpo, anima e spirito siano momentaneamente allineati. Ecco perchè nei momenti di "ricordo di sè" non c'è tempo, nè paura, nè dubbio ma solo pura coscienza, silenzio e voce della coscienza. Quando si perde il "ricordo di sè", il tempo, la paura e il dubbio tornano immediatamente. Il corpo è connesso attraverso l'anima allo spirito, che è fuori dal tempo, immortale. Così tutto ciò che è certezza appartiene allo spirito, tutto ciò che è lotta appartiene all'anima. L'anima è il ponte tra corpo e spirito, tra terra e cielo. Coloro che vivono interamente nei corpi, negli impulsi e nella vanità, si può dire che non hanno un'anima, o che la loro anima è addormentata."

- Maurice Nicoll, Commentari Psicologici, dagli Insegnamenti di Gurdjieff ed Ouspensky

Meditazione Sufi

– Sii presente a ogni respiro.

– Non fare che la tua attenzione vaghi per la durata di un solo respiro.

– Ricordati di te stesso sempre e in ogni situazione.

– Abbi il tuo scopo davanti a te a ogni passo che fai.

– Tu desideri la libertà e non devi dimenticarlo mai.

– Il tuo viaggio è diretto verso la tua terra natia.

– Ricordati che stai viaggiando dal mondo delle apparenze verso il Mondo della Realtà.

– Solitudine nella folla. In tutta la tua attività diretta all'esterno, resta internamente libero.

– Impara a non identificare te stesso con una cosa qualunque.

– Ricordati del tuo Amico, cioè Dio.

– Fa che la preghiera della tua lingua sia la preghiera del tuo cuore.

– Torna a Dio. Non avere altra mira se non di raggiungere la Realtà.

– Lotta con tutti i pensieri estranei.

– Tieni la tua mente su ciò che stai facendo, sia esternamente che internamente.

– Renditi continuamente conto della qualità della Presenza divina.

– Abituati a riconoscere la Presenza di Dio nel tuo cuore.

Prendere il controllo della "Carrozza"

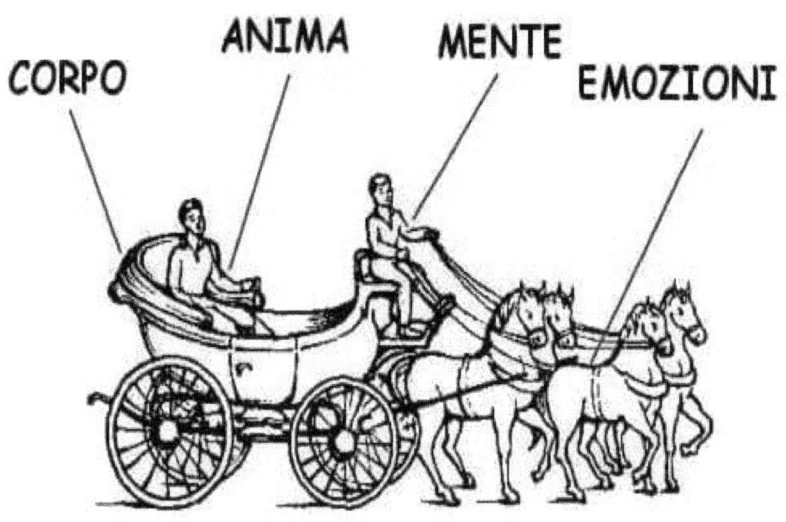

CORPO   **ANIMA**   **MENTE**   **EMOZIONI**

"Non esiste vento favorevole per il marinaio che non sa dove andare."

- Seneca

Secondo una metafora orientale in seguito ripresa da Gurdjieff, l'essere umano è simile ad una carrozza:

- Il Carro rappresenta il corpo fisico

- I Cavalli rappresentano le emozioni

- Il Cocchiere rappresenta la mente

- Il Padrone, che sta all'interno della Carrozza, rappresenta l'essenza (l'anima)

LE CONDIZIONI DEL CARRO (il corpo fisico) dipendono dall'opera di manutenzione che vi presta un cocchiere intelligente, ma anche dal modo in cui esso è trainato dai cavalli. Poiché le condizioni del nostro corpo fisico sono facilmente osservabili e misurabili, esso può fornire preziose indicazioni sul grado di padronanza dei cavalli posseduta dal cocchiere.

I CAVALLI sono le emozioni. Nel termine "emozione" è contenuta la parola "mozione", cioè "moto", "movimento". Sono le emozioni che fanno muovere la carrozza e lo fanno attraverso il desiderio. Anche se i desideri possono essere diversi e contrastanti, ciò non toglie che le emozioni costituiscano essenzialmente un vasto serbatoio d'energia. Sono i cavalli ad avere l'energia necessaria per trainare il carrozza, e sono quindi essenziali per la realizzazione del viaggio.

IL COCCHIERE rappresenta la mente. Le funzioni del cocchiere sono in linea di massima queste: ascoltare gli ordini del padrone della carrozza e trasmettere al padrone le informazioni che provengono dall'esterno; dominare fermamente i cavalli per guidarli nella direzione indicata e prendersi cura con intelligenza del carro, evitando gli ostacoli che potrebbe incontrare durante il cammino.

IL PADRONE DEL CARRO è l'essenza, l'anima, il Sé superiore. Capiamo quindi che il ruolo della mente è molto importante considerando che è destinata a fungere da legame fra l'Essenza e la Personalità, affinché quest'ultima possa esprimere concretamente la volontà dell'Anima/Padrone nel mondo. A collegare l'anima al cocchiere è un legame sottilissimo: la sola voce dell'Anima/Padrone. Il "sentire la voce dell'anima" si riferisce proprio a questo: l'anima fatica a comunicare con il cocchiere, cioè con il centro intellettuale, proprio perché nel caos del mondo la sua voce si disperde e spesso si confonde con le altre voci provenienti dall'esterno.

Questa analogia evidenzia un elemento molto importante delle emozioni: il comportamento del cavallo dipende essenzialmente dal modo in cui esso è condotto dal cocchiere, il che significa che i nostri stati emozionali sono in gran parte dovuti ai nostri pensieri e non a ciò che succede fuori di noi, come invece siamo abituati a credere.

THE CHARIOT.

"Colui che ha una comprensione del cocchiere della carrozza
e controlla le redini della mente, raggiunge la fine del viaggio,
la suprema dimora di tutto ciò che pervade."

- Katha Upanishad

Padroneggiare la Mente

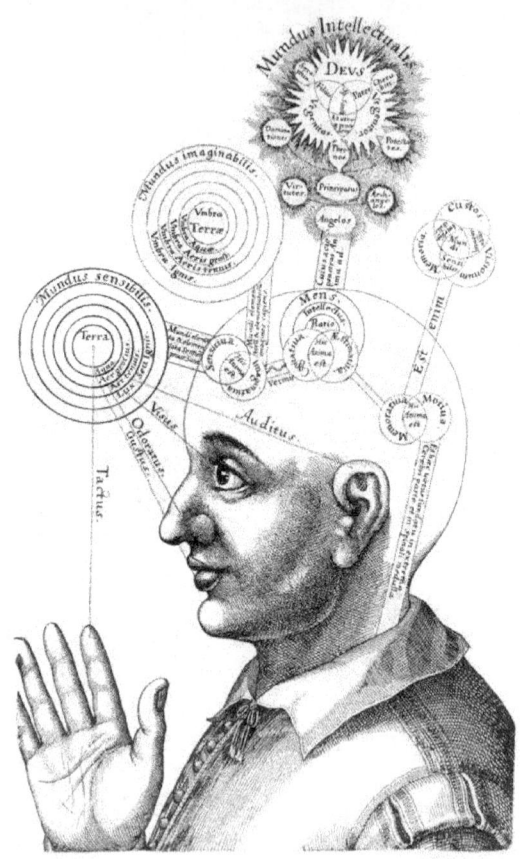

Le persone non controllano i propri pensieri, non scelgono cosa pensare: i pensieri volano spontaneamente nella loro mente.
L'uomo crede di essere libero di pensare e comportarsi come vuole, ma la vera libertà non è "fare quello che si vuole", è sapere quello che si vuole.

I ritmi frenetici della civiltà moderna tolgono il tempo di capire se quello che stiamo facendo è quello che davvero vogliamo; di solito lo facciamo perchè c'è una grande corrente che si chiama "moda" o "consumismo" che va in quella direzione e noi non siamo che pesci in quel grande fiume. La sottrazione del nostro tempo è mirata a trasformare l'essere umano pensante in consumatore. Il miglior consumatore è quello non pensante: meno si pensa, più si consuma. Non facciamo più le cose per scelta, ma per abitudine o perché le fanno gli altri. Le nostre giornate vanno avanti con il pilota automatico.

Bisogna riprendersi il tempo e iniziare a chiedersi "perchè?". "Perchè compro questo? Perchè faccio questa cosa? Perchè leggo questo libro? Perchè guardo questo programma? Perchè vado a vedere questo film? Lo voglio veramente io o fa parte di un meccanismo?" Bisogna chiedersi "perchè" per uscire dalla trappola del "come"; tutti ci dicono come comprare una macchina, nessuno ci spiega perchè ce la dovremmo comprare. Ci serve davvero? Vale la pena di spendere non solo dei soldi, ma anche del tempo per questo? Dobbiamo costruire una civiltà fondata sul "perchè", perchè ci hanno dato dei falsi obiettivi, dei falsi sogni. La cosa fondamentale è che qualunque cosa vogliate fare vi chiediate veramente "perchè" la fate. Se pensate che quello che state facendo, comprando, leggendo, vedendo, sia inutile, non fatelo. In questa maniera ritroverete il tempo per fare qualcos'altro di più importante.

Siamo dominati da tutto ciò con cui ci identifichiamo, ma possiamo dominare e controllare tutto quello da cui ci disidentifichiamo. L'errore è identificarsi con qualche contenuto specifico della nostra coscienza, piuttosto che con la coscienza stessa. Alcuni si identificano con i loro pensieri, altri con i loro sentimenti, altri ancora con i loro ruoli sociali. Ma questa identificazione con una parte della personalità distrugge la libertà che deriva dall'esperienza dell'Io puro. Con l'esercizio della disidentificazione si tratta di praticare la consapevolezza ed affermare: "Ho un corpo, ma non sono il mio corpo. Ho dei pensieri, ma non sono i miei pensieri. Ho un lavoro, ma non sono il mio lavoro, ecc". L'introspezione sistematica può aiutare ad eliminare le parziali autoidentificazioni. Questa tecnica è vicina alla meditazione buddhista "Vipassana" nella quale si osservano semplicemente i pensieri che scorrono, le sensazioni e le immagini. Questa pratica porta a riconoscere che l'osservatore è diverso da ciò che osserva. Lo stadio naturale che viene dopo la disidentificazone è una nuova identificazione con l'Io centrale. Io riconosco ed affermo: "Io sono un centro di pura autocoscienza. Io sono un centro di volontà, capace di comandare, dirigere e usare tutti i miei processi psicologici ed il mio corpo fisico."

"Ardere incenso, prostrarsi davanti al Buddha, recitare preghiere, offrire sacrifici, confessare i propri peccati, leggere le scritture fino ai confini estremi della pratica zen: tutto ciò è perfettamente inutile. Liberare se stessi dai lacci del corpo e della mente: ecco ciò che è necessario."

- Dogen

Meditazione, Concentrazione e Contemplazione

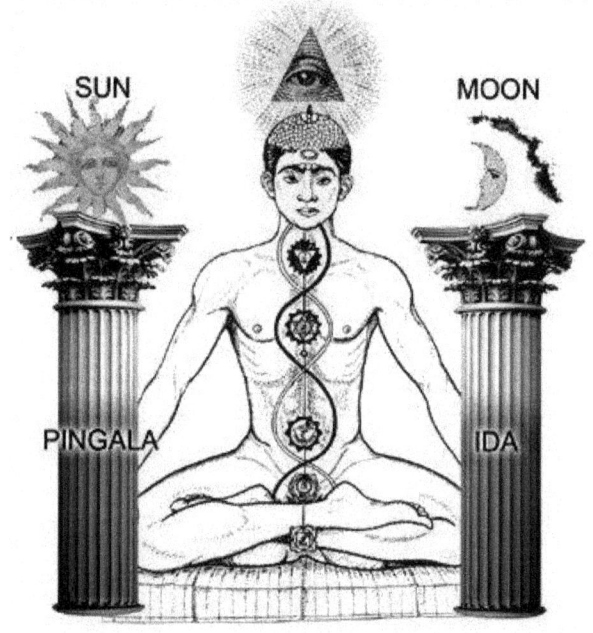

"*Ci concentriamo con la focalizzazione illuminata della mente; meditiamo con la vastità espandente del cuore; contempliamo con l'unità appagante dell'anima.*"

- *Massima iniziatica*

Chiunque abbia per la prima volta cercato di dominare un pensiero e di trattenerlo per cinque minuti, ne avrà sperimentato la difficoltà. Nei libri orientali si possono trovare varie istruzioni riguardo alla pratica del "silenzio" e della "meditazione interiore", ma tutti insegnano di fondo la stessa cosa: una concentrazione della coscienza superiore dell'uomo su un unico punto dentro il proprio centro. Tra gli esercizi di auto-iniziazione proposti dall'esoterista Franz Bardon in "Introduzione alle Dottrine Ermetiche", vengono descritti tre tipi di discipline mentali da praticare quotidianamente:

1) Nel primo tipo si tratta soltanto di osservare che cosa avviene nella nostra mente per dieci minuti. In questo esercizio, il praticante non deve bloccare alcun pensiero, ma soltanto osservare ciò che si presenta nella mente. Con il tempo e con pratica ripetuta, noterà che il flusso dei pensieri rallenta in modo naturale. Ciò che realmente sta accadendo è che sta ri-sintonizzando la sua mente ad un altro, meno caotico, livello mentale. Ciò non è qualcosa che si possa forzare, non è quindi positivo, in questa fase, impedire determinati pensieri lasciandone passare altri.

2) Il secondo tipo di disciplina mentale riguarda la meditazione su di un unico punto. Si tratta in questo caso di mettere a fuoco la mente su un singolo oggetto ed evitare l'introduzione di ogni altro pensiero per dieci minuti. Questa pratica sintonizza la mente ad un livello ancora più elevato. Se avete già imparato a gestire le distrazioni esterne con facilità e raggiunto la condizione di "osservatore tranquillo" della mente, quello che dovete fare ora è solo scegliere un singolo pensiero e focalizzarvi su di esso. Il tipo di distrazione che incontrerete a questo punto è l'intrusione di pensieri associati e non associati.

3) Il terzo ed ultimo tipo di disciplina mentale o di meditazione, implica mantenere il vuoto completo della mente (o "vacuità mentale") per almeno dieci minuti. Se avete imparato ad allontanare facilmente le distrazioni con i due esercizi precedenti e riuscite a focalizzare la mente su un singolo pensiero, raggiungere il vuoto mentale è il punto logico seguente. Si tratta di una frequenza ancora più alta del mentale, difficile da sintonizzare, ma a cui si può arrivare dopo aver padroneggiato la pratica dell'osservazione e la meditazione su un punto. Un trucco molto utile per fermare il flusso dei pensieri è questo: Immaginate un gatto seduto di fronte alla tana di un topo. Il gatto osserva attentamente la tana in attesa che il topo venga fuori. Il topo probabilmente non uscirà perché sente che il gatto sta osservando la tana, ma appena il gatto abbasserà la guardia voltando la testa, il topo sbucherà fuori e correrà lontano. Adesso chiudete gli occhi immaginate di essere quel gatto di fronte alla tana del topo. I vostri pensieri sono i topi. E mentre restate in attesa che il prossimo pensiero arrivi domandatevi: "Quale sarà il mio prossimo pensiero? Quale pensiero uscirà dalla tana del topo?" Dopo esservi posti la domanda restate in uno stato attento e vigile. Facendo l'esercizio noterete uno spazio tra la domanda e ciò che segue. Concentrate l'attenzione su quello spazio e proseguite l'esercizio per circa tre minuti. Quello spazio tra i pensieri è la consapevolezza pura che si trova dietro il ruminare incessante della mente. La vostra vera essenza, libera dall'ego e dai condizionamenti negativi. Quello spazio potrebbe rappresentare una delle cose più piacevoli su cui indugiare in questa vita.

"L'Infinito, l'Assoluto, Dio, l'Anima Superiore, o comunque lo si voglia chiamare, è sempre presente ma velato o mascherato dai pensieri della mente: allo stesso modo è impossibile udire il battito del cuore in una città rumorosa. Allora, per ottenere la conoscenza

di tale Infinito, è necessario soltanto arrestare tutti i pensieri. Le nostre menti e i nostri corpi sono veli della Luce interiore."

- Aleister Crowley, Magick

"Siamo intrappolati all'interno della bolla di percezione e quello di cui siamo testimoni è un riflesso della nostra visione del mondo, la nostra descrizione. Parliamo incessantemente a noi stessi del nostro mondo ed è proprio grazie a questo nostro dialogo interiore che lo preserviamo, e ogniqualvolta continuiamo a parlarci di noi e del nostro mondo, il mondo rimane sempre come dovrebbe essere. Con questo nostro dialogo lo rinnoviamo, gli infondiamo vita, lo puntelliamo. Arrestando il dialogo interiore, sfondiamo la barriera che ci separa da noi stessi. Ogni volta che si interrompe il dialogo interiore, il mondo così come lo conosciamo collassa e affiorano aspetti di noi del tutto straordinari, come se fino a quel momento fossero stati sorvegliati a vista dalle nostre parole. La mente si mette d'ostacolo, complica ed offusca la percezione diretta, porta il giudizio, la mancanza di fiducia e svaluta ciò che invece avvertiamo con il cuore. La mente che interiormente continua a dire "io..., io..., io..." con il suo rumore copre tutti gli altri segnali e le altre percezioni che sono disponibili all'uomo. Il silenzio interiore è uno stato di coscienza in cui tutti i pensieri della mente si fermano, sono come congelati e inattivi. Nel silenzio è possibile sentire quello che proviene da spazi e tempi che vanno oltre ciò che la mente in condizioni normali può percepire. È possibile accedere a conoscenze che hanno molto poco di "umano" ma che nello stesso tempo appartengono profondamente all'umanità."

- Carlos Castaneda

Yoga

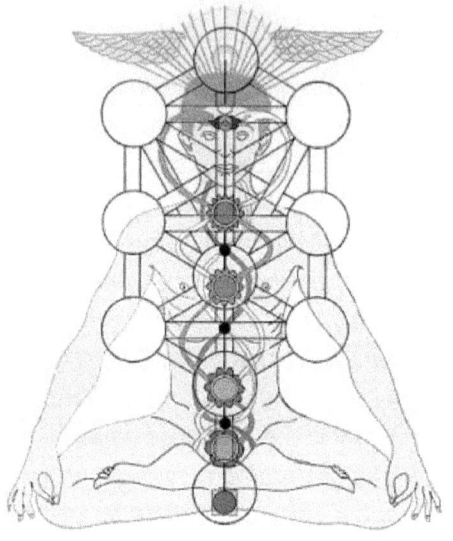

Se studiamo l'anatomia umana, vedremo che i chakra corrispondono alle ghiandole endocrine, e che cambiamenti nella coscienza sono provocati modificando la composizione chimica del sangue controllando o stimolando le diverse ghiandole. La fisiologia occidentale sta cominciando a rendersi conto dell'intima connessione tra le ghiandole endocrine e la mente, e non vi è alcun dubbio sull'intima connessione con gli endocrini (o chakra) e la mente. L'antica tradizione orientale è confermata nella sua dottrina dalla scienza sperimentale occidentale."

- Dion Fortune, Occultismo Sano

Lo Yoga non è soltanto un insieme di complessi esercizi ginnici fini a se stessi, ma una vera e propria filosofia; è la più antica pratica orientale e rappresenta un ramo di quella filosofia indiana che cerca di ricondurre l'anima individuale al suo stato di unione con quella universale. La parola "Yoga" in sanscrito significa infatti "unione" ed implica l'unione di corpo, mente e spirito. Nel tentativo di ritrovare l'armonia perduta tra i diversi piani che compongono l'essere umano, i saggi e gli asceti indiani esplorarono le zone oscure dell'inconscio; essi scoprirono che ciò che ostacola l'unione col divino è ciò che sorge dall'attività dell'inconscio, i "Samskara" e i "Vasana", "impregnazioni", "residui", "stati latenti", che costituiscono ciò che la psicologia del profondo definisce come i contenuti e le strutture dell'inconscio.

Se si dovesse spiegare qual è lo scopo ultimo dello Yoga, si dovrebbero citare "Dharana", "Dhyana" e "Samadhi": questi sono gli ultimi tre gradini della "scala" tracciata da Patanjali nei suoi "Yoga Sutra", gli stadi finali della meditazione a cui chi si avvicina allo Yoga inspira la propria pratica.

Dharana, la contemplazione

"Dharana" significa "concentrazione", "contemplazione" e consiste nel circoscrivere la mente in un unico punto e farlo diventare l'oggetto della concentrazione. La nostra mente è sempre in movimento, passa da un pensiero all'altro e difficilmente riusciamo a controllarla. Dharana rappresenta invece il movimento controllato della mente, focalizzato in un punto, in modo che le immagini mentali diventino più acute e il potere di attenzione aumenti. Quando si è focalizzati la tempesta interna si quieta, non esistono più conflitti e la mente si concentra.

Dhyana, la meditazione

"Dhyana" significa "meditazione" e rappresenta il momento in cui la mente è totalmente concentrata su un singolo oggetto. È un'abilità successiva al Dharana e qui la distrazione è praticamente annullata, mentre la mente resta costantemente focalizzata senza interruzioni su un unico punto.

Samadhi, l'illuminazione

Il passo successivo è il Samadhi, l'illuminazione e presuppone la presenza nel "qui ed ora", la contemplazione senza uno specifico oggetto da contemplare e senza la coscienza di sé. Si tratta di una presenza a livello cellulare, di unione simbiotica con la realtà fuori dalle credenze, dagli schemi e dalle sovrastrutture. Questo stadio non è mai realmente lontano da noi: è la base su cui poggiano tutte le nostre relazioni ed è insita in noi. Ciò che è necessario è solo saperlo riconoscere e rievocare.

"Bisogna invero con ogni sforzo purificare questo pensiero, il quale non è altro che il Samsara stesso. Si diventa ciò che si pensa, questo è l'eterno mistero."

- Maitry Upanishad

"Ardere incenso, prostrarsi davanti al Buddha, recitare preghiere, offrire sacrifici, confessare i propri peccati, leggere le scritture: tutto ciò è perfettamente inutile. Liberare se stessi dai lacci del corpo e della mente: ecco ciò che è necessario."

- Doghen

La "Ricapitolazione"

"Nei tempi antichi la Ricapitolazione veniva eseguita richiamando alla mente tutte le persone che il praticante aveva conosciuto e tutte le esperienze in cui erano state coinvolte."

- Carlos Castaneda, Tensegrità

L'antropologo Carlos Castaneda, attribuisce questa pratica agli sciamani Yaqui dell'antico Messico; va eseguita ogni sera prima di dormire e consiste nel ricapitolare a ritroso mentalmente ed emotivamente la giornata appena trascorsa. Oltre ai fatti vissuti con altre persone debbono essere riportati alla coscienza gli avvenimenti "impersonali" nei quali non sono coinvolti altri individui, ma che sono collegati alla persona che sta ricapitolando.

Oltre ad allenare la memoria, questa pratica aiuta a liberare i propri sogni dai residui psichici ed emozionali degli eventi avvenuti durante il giorno; inoltre sapendo di dover ricapitolare la giornata al suo termine, stimola inconsciamente la presenza mentale ed il "ricordo di sé".

Secondo Castaneda, gli sciamani ritengono che ricordare gli avvenimenti che si sono appena verificati permetta loro di rammentare con la stessa chiarezza e immediatezza avvenimenti più distanti nel tempo. Richiamare in questo modo le esperienze significa riviverle, ricavando da tale ricordo un impeto straordinario in grado di stimolare l'energia dispersa dai nostri centri di vitalità e di restituirla ai centri stessi. Si debbono rivivere le esperienze nei minimi dettagli, quei dettagli che sono seppelliti nella coscienza, ma che sono sempre alla nostra portata. Rivivere è ben più che ricordare. Tanto più si risentono odori, suoni, voci, si rivedono particolari dell'ambiente, volti, tanto più si riprovano le sensazioni vissute nel corso dell'evento, tanto meglio la ricapitolazione riesce. Per eseguire la vera e propria ricapitolazione di un fatto il soggetto deve respirare a fondo, girando lentamente e dolcemente la testa da una parte all'altra, cominciando indifferentemente da destra o da sinistra. Il capo deve essere girato per il numero di volte ritenute necessarie, mentre si ricordano tutti i dettagli accessibili: gli sciamani definivano questo gesto come l'inspirazione di tutte le emozioni vissute grazie all'evento ricordato e all'espirazione di tutti i sentimenti indesiderati e delle emozioni negative che il fatto stesso ha lasciato in noi. Compiendo tale gesto il praticante può trovare la liberazione.

Appendice 2

Le Origini Occulte dell'Uomo

"Ci dicono che l'evoluzione della civiltà umana è un processo lineare, che va dagli ottusi cavernicoli a noialtri intelligentoni con le nostre bombe all'idrogeno e il dentifricio a strisce. Ma la prova che dimostra che la Sfinge è più antica di molte migliaia di anni di quanto non pensino gli archeologi, significa che deve essere esistita, in qualche lontano momento della storia, una civiltà superiore e raffinata, proprio come sostengono tutte le leggende."

- John Anthony West

Secondo la "Dottrina Segreta" di Helena Blavatsky, prima della nostra razza sono esistite altre razze ed altre civiltà. La storia dell'umanità non è lineare, ma basata su un succedersi di catastrofi, di civiltà e di continenti distrutti o sprofondati in mare. Stando ai racconti antichi, le nostre razze sono tutte derivate da razze divine, qualsiasi nome si voglia dar loro: Rishi, Pitri indiani, Chen-nang e Chan-chi cinesi, Kukulkan, Quetzalcoatl e Viracocha mesoamericani, Iside, Osiride, Toth egiziani, Elohim ebrei, ecc. Questi esseri appaiono al principio come dèi creatori, per poi confondersi con l'umanità nascente ed emergere infine come Re e Guide divine. Ma tutto questo poco a poco è stato dimenticato. In principio, lo Spirito assoluto si è diviso in "Monadi" ed è disceso sulla terra per fare esperienza. Man mano che le Monadi discendono verso la matera più densa, si rivestono di veicoli che gli permettono di agire sui vari piani che incontrano; nella loro discesa si incarnano suddivise in gruppi di anime che si manifestano sotto forma di razze, le cosiddette "Razze Radice", ognuna delle quali ha la funzione di sviluppare un determinato aspetto nell'evoluzione del genere umano. Le Razze Radice sono 7 e ognuna a sua volta è suddivisa in 7 sotto-razze. Attualmente si sta manifestando la quinta Razza (Ariana), la sesta e la settima devono ancora venire. Queste sono le Razze Radice:

Prima razza: Polare

Seconda razza: Iperborea

Terza razza: Lemuriana

Quarta razza: Atlantidea

Quinta razza: Ariana

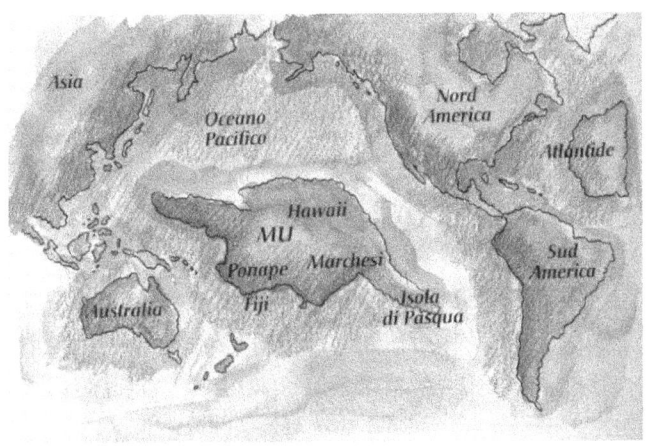

Chiunque paragoni la civiltà egizia a quella dell'Asia e dell'America centrale (che la Tradizione afferma essere stata una parte periferica di Atlantide) non può non essere colpito dalla somiglianza mostrata nei concetti della loro religione e della loro architettura.

La Tradizione Perenne

Secondo i "Perennialisti" (tra cui Renè Guenon e Julius Evola), esiste una "Filosofia Perenne", una "Tradizione Primordiale" che l'uomo non ha creato, ma ricevuto. Questa Tradizione si è incarnata agli albori della storia umana in comunità e società tradizionali, dove ogni uomo si relazionava agli altri in base all'appartenenza a determinate caste, rappresentative dell'inclinazione o patrimonio spirituale dell'individuo. Le singole tradizioni altro non rappresentano che membra disgiunte dell'unica Tradizione Universale. Il compito dell'esoterista è quello di ricercare i tasselli della Tradizione Primordiale occultati nelle singole tradizioni, in modo da ricomporre il mosaico perduto. Questo sapere faceva parte di una conoscenza unica, estesa a tutta l'umanità attraverso un unico "linguaggio", reperibile in tutte le culture in tutte le scritture sacre e non di ogni civiltà in ogni latitudine ed epoca (indiane, kabalistiche, greche, gnostico-cristiane, ecc), poi frantumate in un numero sempre maggiore di lingue e dialetti. Possono cambiare tempi, epoche o paesi, ma il nucleo centrale dell'insegnamento esoterico, quello al di là delle parole e delle rappresentazioni, resta sempre lo stesso in ogni tradizione e in ogni tempo.

"Tanto più una creazione è vicina al centro, tanto più è libera; viceversa, più se ne distacca, tanto più soggiace ai suoi vincoli." - Kybalion

I Cicli dell'Umanità

Nell'antica religione indù, l'evoluzione della Terra è divisa in quattro ere, o Yuga, che significa appunto "era" o "periodo di tempo del mondo":

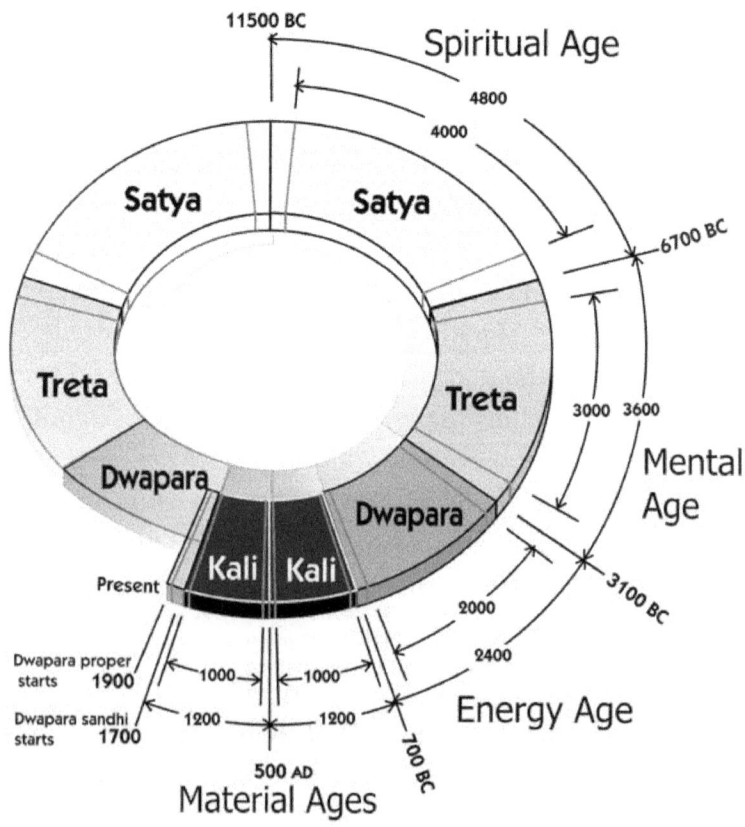

- Satya Yuga o Krita Yuga, l'età dell'oro;

- Treta Yuga, l'età dell'argento;

- Dvapara Yuga, l'età del bronzo;

- Kali Yuga, l'attuale età del ferro.

Complessivamente, i quattro Yuga formano un mahāyuga o "grande era", della durata di 12 000 anni divini, corrispondenti a 4.320.000 anni umani. Una serie completa di mahāyuga forma a sua volta un kalpa.

Alla dottrina orientale dei quattro Yuga indiani, corrisponde, nella tradizione greco-romana, quella delle quattro, o cinque, Età del Mondo, la cui prima formulazione risale ad Esiodo, e che venne ripresa e sviluppata da numerosi altri scrittori e poeti dell'antichità, fra cui Virgilio e Orazio.

"Nel Satya Yuga, quando appaiono i primi avatara, l'umanità è molto in sintonia con la Natura. Ognuno comunica telepaticamente e conosce le cose per intuizione. Nel Satya Yuga le persone sono spiritualmente buone, molto avanzate, ma siccome non si interessano delle cose materiali sono tecnologicamente imperfette. Poichè dipendono molto dalla Natura che si prende cura di loro, in questo senso sono più simili agli animali di quanto non lo siano le persone del Kali Yuga. Un animale dipende da Dio; non vi è altro modo per lui di sopravvivere. Man mano che l'intelletto umano si sviluppa, le persone cominciano a pensare di poter apportare miglioramenti alla natura. Questa è l'origine della società e della civiltà. Nel Kali Yuga dimentichiamo completamente la Natura e cerchiamo di fare tutto da soli, e puoi vederne i risultati intorno a noi. Al termine di ciascun Kali Yuga vi è un pralaya, un periodo in cui tutte le società e le comunità vengono distrutte, di solito da calamità naturali.

(Robert E. Svoboda – Aghora)

La descrizione delle varie Ere, o meglio, dei cicli di civiltà che si sono succeduti nel nostro mondo, è la seguente:

1. Età dell'Oro: quando in cielo regnava Cronos, il mondo era abitato da una razza di uomini simili agli dei, che vivevano felici e liberi da malattie e preoccupazioni e praticavano la giustizia senza bisogno di esservi costretti, né avevano bisogno di lavorare, perché la terra, su cui regnava una perenne primavera, dava i suoi frutti spontaneamente e in abbondanza; dopo una vita lunga e serena, questi uomini morivano tranquilli, come se si addormentassero. Alla loro scomparsa, divennero degli spiriti aerei, custodi e protettori degli uomini.

2. Età dell'Argento: Zeus, subentrato a Crono, ridusse la durata della primavera, determinando il succedersi delle stagioni, e gli uomini dovettero cominciare a coltivare la terra, a costruirsi dei rifugi e a sviluppare le arti; molto peggiore della precedente, la generazione argentea era contraddistinta da una prolungata fanciullezza, durante la quale, per cento anni, i fanciulli vivevano presso le madri; da adulti, gli uomini di questa Età erano però stolti e non veneravano gli dei, per cui Zeus, sdegnato, li fece sparire, ed essi sono diventati spiriti degli Inferi.

3. Età del Bronzo: la terza generazione era composta di uomini violenti e terribili, nati dai frassini e amanti della guerra, ma non empi; benché tremendi, la morte colse anche loro, e scesero nelle squallide dimore del gelido Ade.

• Età degli Eroi, compare in Esiodo, ma non in altri autori, e più che ad una Età a se stante, potrebbe essere considerata come l'ultima fase dell'Età del Bronzo o la prima della successiva Età del Ferro: la Terra genera una stirpe celeste di eroi, ritenuti semidei, molti dei quali furono uccisi in combattimento, alcuni a Tebe, altri a Troia; ma altri furono posti da Zeus ai confini del mondo, nelle Isole dei Beati, dove hanno vissuto felici e sereni.

4. Età del Ferro: l'ultima generazione, caratterizzata dal nero ferro, è composta da uomini malvagi, violenti e senza timore degli dei; è una stirpe priva di giustizia, di lealtà, di pudore e di pietà, su cui regnano la frode, la guerra, la diffidenza, e il desiderio del possesso; l'uomo inizia a navigare, delimita le proprietà terriere, scava nelle viscere della terra alla ricerca di tesori; Zeus distruggerà anche questa ultima razza "quando i bambini nasceranno canuti".

Il carattere "universale" di questa dottrina, è deducibile anche dalla sua presenza in tradizioni molto distanti e diverse tra

loro: se non desta meraviglia, a causa della vicinanza delle
aree culturali, ritrovare il principio delle quattro ere
dell'umanità nell'Avesta persiano, è di sicuro sorprendente
che la stessa idea si ritrovi anche in una realtà completamente
diversa e priva di contatti con il mondo indo-europeo, come
quella delle civiltà pre-colombiane: nei documenti e nei
calendari mesoamericani, si rileva infatti sia la presenza di
calcoli relativi a grandi cicli temporali, sia il riferimento a
quattro Ere del Mondo. Secondo i Maya, dopo aver distrutto
tre Mondi con un diluvio, gli dèi crearono il Mondo attuale con
il fango e con il fuoco, e fu sorretto da quattro divinità, i
Bacab, che ne rappresentano i punti cardinali. Gli Aztechi,
collegandosi alla tradizione Maya, parlano ugualmente di
quattro Soli, che si sono succeduti a partire dalla creazione del
genere umano, ognuno dei quali è collegato ad una delle
quattro direzioni dello spazio, ma essi aggiungono anche un
quinto Sole, quello attuale.

"Il periodo attuale, detto Kali-Yuga, è un periodo di oscuramento e di confusione; per ragioni diverse, ogni legame cosciente col centro spirituale del mondo si è ormai spezzato; tale è il significato più specifico della perdita della tradizione. In tutte le tradizioni, si fa allusione a qualcosa che, a partire da una certa epoca, sarebbe andato perduto o nascosto: il Soma degli Indù, per esempio, o lo Haoma dei Persiani, la "bevanda d'immortalità" che ha un rapporto molto diretto col Graal poichè questo, si dice, è il vaso sacro che contiene il sangue di Cristo, anch'esso "bevanda d'immortalità". Altrove il simbolismo è diverso: così, presso gli Ebrei, ciò che è andato perduto è la pronuncia del gran Nome divino; ma l'idea fondamentale è sempre la stessa. Si dovrebbe parlare di qualcosa di nascosto, piuttosto che veramente perduto, perchè non per tutti è perduto e vi è chi lo possiede ancora integralmente; se è così, altri hanno sempre la possibilità di ritrovarlo, purchè sappiano cercarlo come si conviene, qualora cioè la loro intenzione sia diretta in modo tale che essa possa mettersi in comunicazione spirituale effettiva con il centro supremo. Tuttavia, man mano che si procede nel Kali-Yuga, l'unione con questo centro, sempre più chiuso e nascosto, diviene più difficile e nello stesso tempo divengono più rari i centri secondari che lo rappresentano esteriormente; sicchè quando questo periodo finirà, la tradizione dovrà essere di nuovo manifestata nella sua integrità, poichè l'inizio di ogni Manvantara, coincidendo con la fine del precedente, implica necessariamente, per l'umanità terrestre, il ritorno allo "stato primordiale"."

- Renè Guènon, Il Re del Mondo

"Se l'età ultima, il kaly-yuga, è un'età di terribili distruzioni, coloro che vi appaiono e malgrado tutto vi si tengono in piedi, possono conseguire frutti non facilmente accessibili agli uomini di altre età. Quando un ciclo di civiltà volge verso la fine, è difficile poter giungere a qualcosa resistendo, contrastando direttamente le forze in moto. La corrente è troppo forte, si sarebbe travolti. L'essenziale è non lasciarsi impressionare dall'onnipotenza e dal trionfo apparente delle forze dell'epoca."

- Julius Evola, Cavalcare la Tigre

La "Dottrina Segreta" di Madame Blavatsky

"Avvenne quindi che la Quarta Razza, invece di progredire, ottenne dei processi involutivi fisici e mentali rispetto alla dotazione del "Manas" difatti il senso della ragione, a poco a poco, fu adoperato sempre più per scopi anormali e malefici"

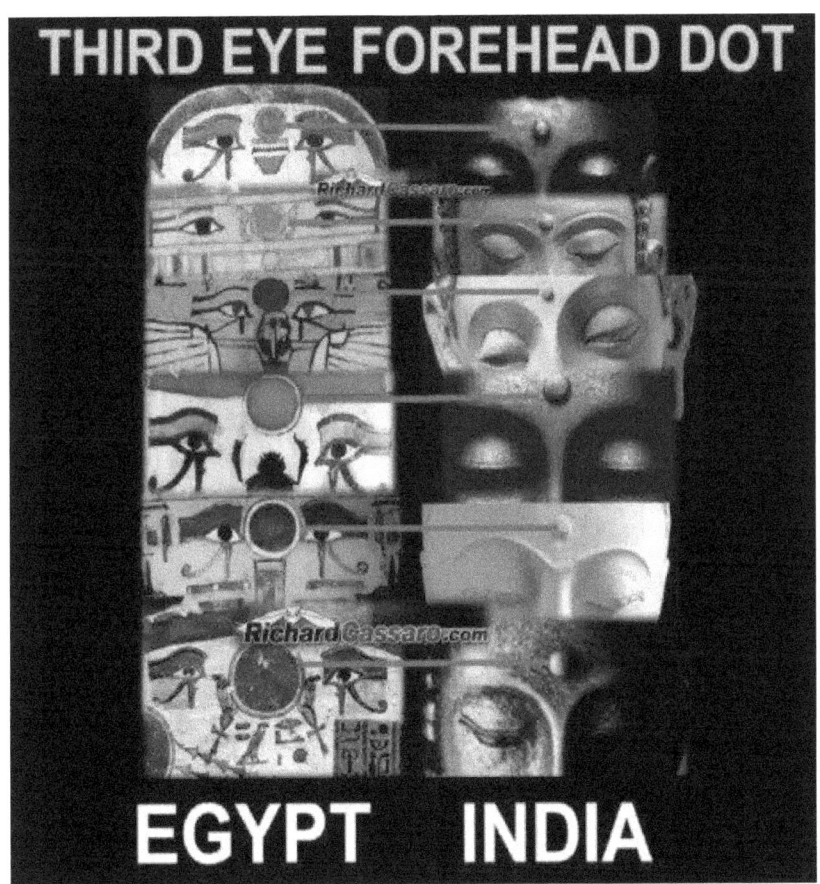

"...poi la Terza e la Quarta divennero gonfie d'orgoglio. "Noi siamo i Re, noi siamo gli Dei". Esse presero mogli belle a vedere. Mogli dai senza mente, da quelli dal capo schiacciato e generarono dei mostri, demoni malvagi. Eressero templi al corpo umano. Essi adorarono il maschio e la femmina. Allora il terzo occhio cessò di funzionare..."

"Fu questa la famosa Razza dei Giganti: Essi fabbricarono immense città. Fabbricarono con terre e metalli rari dei fuochi vomitati, della pietra bianca delle montagne e della pietra nera. Essi scolpirono le proprie immagini, della propria grandezza e somiglianza e le adorarono. Essi fabbricarono grandi immagini, grandi nove yati, statura del loro corpo..."

"Vennero le prime grandi acque e inghiottirono le sette grandi isole. Tutti i santi furono salvi e gli empi distrutti. Con loro perì la grande maggioranza degli enormi animali prodotti dal sudore della terra. Pochi furono i superstiti. Quelli del colore della Luna erano partiti per sempre. La Quinta prodotta dal gregge santo, restò; essa fu governata dai primi Re Divini. I Serpenti che ridiscesero, che fecero pace con la Quinta, la istruirono e guidarono."

Bibliografia

Frammenti di un insegnamento sconosciuto (P.D. Ouspensky)

I Racconti di Belzebù a Suo Nipote (G.I. Gurdjieff)

Kybalion (I tre Iniziati)

Magia Bianca e Nera (Franz Hartmann)

Iside Svelata (H.P. Blavatsky)

Io Sono Quello (Maharaj Nisargadatta)

Dhammapada

Bhagavad Gita

Tao te Ching (Lao Tzu)

Mathnawi. Il Poema del Misticismo Universale (Rumi)

Cabala: la chiave del potere interiore (Elizabeth C. Prophet)

La Voce del Silenzio (H.P. Blavatsky)

I Vangeli Gnostici

Corpus Hermeticum (Ermete Trismegisto)

RIcordi, Sogni Riflessioni (C.G. Jung)

Il Libro Rosso (C.G. Jung)

1984 (George Orwell)

Il Mondo Nuovo (Aldous Huxley)

Neuroschiavi (Paolo Cioni, Marco Della Luna)

La Ruota del Tempo (Carlos Castaneda)

La Filosofia Perenne (Aldous Huxley)

I grandi iniziati. Storia segreta delle religioni (Édouard Schuré)

Magick (Aleister Crowley)

Introduzione alle Dottrine Ermetiche. Teoria e Pratica (Franz
Bardon)

La Cabala Mistica (Dion Fortune)

Il Sufismo. Mistica, Spiritualità e Pratica (Burhanuddin Herrmann)

Lo Gnosticismo. Culti, Riti, Misteri (Serge Hutin)

Il segreto della massoneria. Dietro il velo di Maya (Ernesto
Laudicina)

Considerazioni sulla Via Iniziatica (Renè Guènon)

Rivolta Contro il Mondo Moderno (Julius Evola)

L'Albero della Vita (Israel Regardie)

Il Corpo Alchemico. Le Tradizioni dei Siddha nell'India Medievale (David G. White)

L'ABC del risveglio (Osho)

Avere o essere? (Erich Fromm)

Libertà dal conosciuto (Jiddu Krishnamurti)

Il messaggio ritrovato. L'orologio della notte e del giorno di Dio (Louis Cattiaux)

Agricoltura Celeste (Giorgio Sangiorgio)

Il Libro di Mirdad (Mikhail Naimy)

Le porte della percezione-Paradiso e Inferno (Aldous Huxley)

Il serpente cosmico. Il DNA e le Origini della Conoscenza (Jeremy Narby)

Il Mistero della Genesi delle Antiche Civiltà (Alan F. Alford)

Milton Keynes UK
Ingram Content Group UK Ltd.
UKHW040638301023
431584UK00001B/43